大展好書　好書大展
品嘗好書　冠群可期

大展好書　好書大展
品嘗好書　冠群可期

實用武術技擊 25

詠春拳黏手與散打

附VCD

韓廣玖 著

大展出版社有限公司

作者簡介

韓廣玖　1956 年出生於廣州，自幼隨父習武，16歲從名師譚迪修蔡李佛拳，20 歲參軍入伍並在邊防部隊磨練多年，20 世紀 80 年代，先後師從詠春拳（梁贊派系）嫡傳八代傳人彭南及佛山太極宗師區榮鉅研習詠春拳及楊式太極、六合八法等拳術，同時專注於南派武術的系統研究並卓有成效，是中國武術段位五段武師，佛山武術協會理事。曾任廣東省佛山市精武體育會第 23、24 界理事，佛山市詠春活動中心副主任。

韓廣玖先生視研究和弘揚中華武術為畢生事業，不僅為此傳藝授徒，還注重深入生活，博取各家之長，突破傳統地域的限制，結合實際變通創新，逐步形成自己獨特的技藝風格，並提筆整理撰編武術專

著。已先後出版了《羅漢伏虎拳》、《蝴蝶雙掌與蝴蝶雙刀》、《鐵弓三線拳與行者棍》和《五形拳與十八纓槍》等多部南少林武術書籍，豐富和充實了中國傳統武術理論思想寶庫，爲海內外武術愛好者提供了重要的參考資料，深受海內外武術愛好者的青睞。

目　錄

不定式黏手訓練 ……………………………… 63

詠春拳黏手的特點

　　詠春拳的黏手，有如其他拳種或門派的對打、對拆和對練等，更近似太極拳的推手。黏手是詠春拳習者必修的一課，是熟習詠春三套基本拳和木人樁後，在師傅正確指導下進行定型手法訓練的重要一課。目的是將已學到的詠春拳套路，由黏手訓練去進行拆解、吸收和消化。

　　黏手一開始接觸的是單黏手、雙人壓腰和推手，然後再進入雙黏手，在師傅指導下，訓練力量運用的靈活性以及手部敏感、剛柔和吸彈性，為以後的不定式黏手打下一個良好的基礎。

　　初接觸黏手時，看似與壓腰與推手一樣，像是角力。其實它已進入了「托上壓下，打左撥右，下伏上打，一伏二打，搶中守中，前留後固」的訓練中。在訓練時要求習者達到拳訣中要求的「動如猛虎，靜如泰山；沉肘落膊，雙橋兼顧；耕攔攤膀，黏摸蕩捋；標指打手，真擊纏打」，這要求習者始終保持開大鉗陽馬、三山馬及和鉗陰護襠馬。

　　在黏手練習中，須掌握好行腰轉馬、雙弓步進退、針步彈腰以及行進間的開膝沉腰；運用好勾、針、彈、踢；練好穿心腳、虎尾腳、陰陽連環鎖子腳等招式。

　　可以講，練詠春黏手與散打都是為培養良好的身形、

腰馬、手法和速度。

　　詠春黏手主要是應用向前直衝的剛力，防守上採用了把對手攻勢蕩開的各種手法，使對手的攻擊力點偏出。詠春拳的黏手需兩個人一起練習。

　　這種練習只是一種向實戰搏擊過渡的訓練方法，不能當作實戰。若想真正提高實戰搏擊技法，就要在木人樁上拆解了（這樣你可以任意地發揮寸勁和抖勁），更重要的是多參加比賽以及同各門派的朋友切磋，使習者最終達到「不招而打」的境界。

　　本書中列舉的例子，供愛好者學習及參考，希望大家不要簡單地生搬硬套。

　　因為書本上的知識，始終是紙上談兵，至於怎麼運用，好不好用，需要習者在苦練和實戰中不斷地摸索和總結，用心悟其真諦，逐漸轉化為自己的本能反應，以達到前輩所講的「心中無法，手上有法」的境界。

詠春拳黏手的基本要求

　　學習詠春拳黏手，主要是使習詠春拳者能更好地鞏固已學的各個套路，經由反覆不斷的對練去學習化拆，進一步掌握從不同的角度及方向來移動肘部，保持身體的平衡，以及正確地運用六合之力。

　　練習時要求有的放矢，即進攻中，在未封住對手時不准攻擊。從攻防理論上講，如果你能及時封住對手的肩膊，那麼對手的進攻肯定會受阻，即使勉強進攻，其攻擊力也會大大減弱；如你能同時將對方的腳也封住，那就可以不費吹灰之力將對手擊倒或彈出。

　　黏手的學習是走向搏擊散打的成功之路，希望習者在實踐中悟出其心法。

　　筆者師從黃仁智大師和造訪梁贊嫡傳弟子「找錢華」後人，才知道詠春拳既有上盤神奇的手法，也有下盤神奇的步法及腳法。例如「四門」套路，是接著小念頭而練的功夫，知者已甚少，只是嫡傳弟子中還有練。詠春拳對下盤功夫要求特別嚴（指嫡傳）。

　　拳經曰：「步要輕靈，馬要穩。」二字鉗陽馬、前弓後箭馬、三山馬、大鉗陽馬都是基於這一拳理，而二字鉗陽馬是入詠春門者練功首當要學的馬步。

圖 2-1

一、開鉗陽馬

二字鉗陽馬是本門最基礎的功夫，站得越久，就越能增加功力。習者初練時可每次3分鐘，然後慢慢延長時間。

二字鉗陽馬的站法是雙腳合攏站立（圖2-1），雙腳跟抬起分別向左右移開，著地後站穩（圖2-2）。接著雙腳尖稍抬起向左右移開後落地站穩（圖2-3）。

圖 2-2

圖 2-3

雙腳跟再稍抬起向左右移開半步成「11」字形（圖2-4）。此時應開膝沉腰，臀部緊鉗，雙肩微沉，會陰上提，氣沉丹田；頭正，舌頂上腭；雙拳提於胸際，雙後肘內鉗（圖2-5）。

圖2-4

圖2-5

圖2-6

圖2-7

圖2-8

二、日字沖拳

日字拳又稱子午拳、穿心拳或連環三捶。日字沖拳是本門常用的攻擊手法之一，出拳要守中和留中，也就是前輩常講的「拳由心發」。「肘要歸中，拳要守中」，是攻擊和回守的主要特點。

首先開二字鉗陽馬，用力打出左日字拳，然後用力打出右日字拳，再用力打出左日字拳，後又將左日字拳收回，並成鉗陽馬勢（圖2-6～圖2-9）。

要求日練二次，每次練習沖打千次。日久操練，功夫自現。

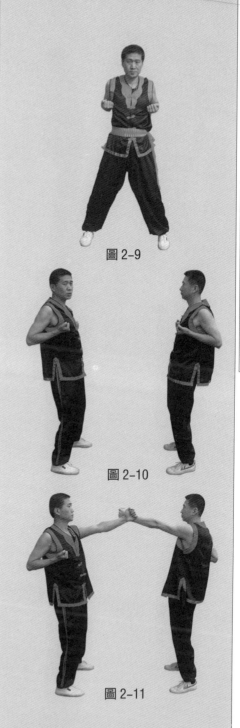

図2-9

図2-10

図2-11

三、日字沖拳和搶中訓練

1. 三沖拳對練

雙方開鉗陽馬後對峙（圖2-10）（本書圖片中，左方者為甲方，右方者為乙方），雙方同時打出左沖拳（要求雙方都搶對方的中線）（圖2-11）。

圖 2-12

圖 2-13

圖 2-14

雙方收左拳的同時打出右沖拳（圖2-12）。

雙方收右拳時又同時打出左沖拳（圖2-13）。

以上是詠春拳中的三沖拳對練（也稱三星捶對練），經過數百個回合沖拳對練後，便可進入三拉手沖拳訓練。

2. 三拉手沖拳訓練

甲乙雙方開馬對峙（圖2-14）。

甲方以左拳變扣拉手
下按乙方左沖拳，同時，
迅速打出右沖拳（圖2-
15）。

圖2-15

乙方又以右拳變扣拉
手下按甲方右沖拳，同時
打出左沖拳（圖2-16）。

圖2-16

甲方又以左拳化扣拉
手下按乙方左沖拳時，再
打出右沖拳（圖2-17）。
反覆練習至純熟。

圖2-17

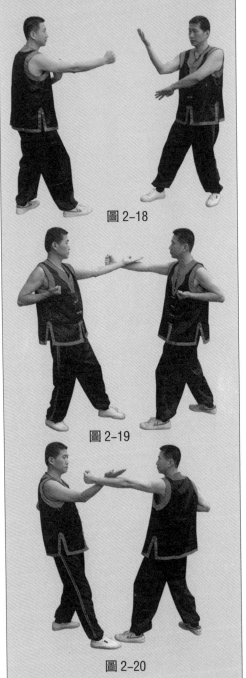

四、攤橋手與三星拳對練

攤橋手是攔截（壓迫）對方橋手內簾來拳，以消解對方的攻擊。

甲乙雙方準備格鬥（圖2-18）。

圖2-18

乙方打出右沖拳攻擊甲方中路，甲方用左攤橋手消解（圖2-19）。

圖2-19

乙方隨即又打出左沖拳攻擊甲方中路，甲方再發右攤橋手消解（圖2-20）。

上述訓練需經長期的對練並相互交換位置才能熟練掌握。

圖2-20

五、側身拳

側身拳也稱為偏身拳（包括偏身大鉗陽馬）。在開大鉗陽馬的基礎上，結合馬的轉變使整個橋手變長，同時也使自己變小，可造成對方被動的局面。

開大鉗陽馬（內鉗）（圖2-21）。

圖 2-21

身腰馬左轉（腳上力的分配：右腳七成，左腳三成），並沖打出右側身拳（圖2-22）。

圖 2-22

然後身腰馬右轉（腳上力的分配：左腳七成，右腳三成），沖打出左偏身拳（圖2-23）。身腰馬又再左轉（腳上力的分配：右腳七成，左腳三成），沖打出右偏身拳（圖2-24）。

大鉗陽馬及偏身拳是一種遇敵正面攻擊時，有意以側身近敵、擊敵的方法。大鉗陽馬因歷代師傅都很重視，不輕易外傳，故鮮為人知，甚至有個別詠春門同仁也誤認為是洪拳馬。其實它是詠春門實戰搏擊的主要馬步，是配合心法，避實擊虛，借力打力的馬步。

圖 2-23

圖 2-24

六、偏身接招變拳

雙方對峙準備格鬥
（圖2-25）。

圖2-25

甲方以右沖拳打乙方
中上路，乙方即以右攤手
接甲方打來的拳；然後攤
手突然轉拉手，身體同時
右轉打出左偏身拳（圖2-
26）。

圖2-26

七、逼步和移馬

詠春拳的馬步非常靈活善變。前輩云:「未學打拳,先學站馬。」歷代武林中各門派都很重視下盤功夫,各派都有自己的馬步。詠春拳也不例外。

所謂逼步就是逼近對手,主動縮短攻擊的距離。逼步多以大鉗陽馬為基礎,這樣使進攻者易於保持身體的平衡,搏擊時步伐能進退自如。移馬逼步是詠春拳善走側門的特點之一,如對方的攻擊來勢十分兇猛,我肯定要避其鋒芒而走對手的側門,這便是移馬,它是在大鉗陽馬的基礎上演化而來的。如左腳向左方上一步,右腳及時跟上,成側身鉗陽馬(圖2-27);也可以右腳向右方上一步,左腳及時跟上(圖2-28)。

圖 2-27

圖 2-28

八、站樁法

詠春拳的樁法有六個：

1. 正面右側站樁法

兩腳開大鉗陽馬，坐腰，全身重量平均分配在雙腳上，雙膝微開（有時是雙內收，習者應靈活掌握），上身保持正直。雙手護於身體的中線上，右手長橋豎掌，左手短橋用拜佛掌豎於胸前中線上，稱右樁法（圖2-29、圖2-30）。

2. 正面左側站樁法

兩腳開大鉗陽馬，坐腰，全身重量平均分配在雙腳上，雙膝微開，上身保持正直。雙手護於身體的中線上，左手長橋護掌，右手短橋用拜佛掌豎於胸前中線上，稱左樁法（圖2-31）。

圖2-29

圖2-30

圖2-31

3. 側身右站樁法

在正面站樁的基礎上，右腳向前一步（仍開大鉗陽坐馬勢），身體以偏身對敵，身體重量後腳占七成，前腳占三成。雙手仍然護在中線上，右手長橋成標指掌，左手短橋成拜掌（圖2-32）。

圖 2-32

4. 側身左站樁法

在正面站樁的基礎上，以左馬或右馬向前上一步，仍是大鉗陽坐馬勢，身體以左側對敵，身體重量後腳占七成，前腳占三成，似有坐在後腳上的感覺。雙手仍護在中線上，左長橋手成標指掌，右手短橋成拜掌（圖2-33）。

圖 2-33

5. 右坐偏身樁

正身大鉗陽馬，將身腰左轉，目視正前方，以身體右側對敵，身體重量右腳占七成，左腳占三成。右手長橋在前，左手短橋護掌在後（圖2-34）。

圖 2-34

6. 左坐偏身樁

以正身大鉗陽馬將身腰右轉，身體左側對敵，身體重量左腳占七成，右腳占三成。左手長橋豎掌，右手短橋護肘底在中線（圖2-35）。

圖 2-35

圖 2-36

圖 2-37

圖 2-38

九、詠春人體「四門」

根據詠春拳拳理，人體的防守區域可類比為一個四方體，並分為四個區域，即從正面看，左邊的上方是高內側門，下方是低內側門，右邊的上方是高外側門，下方是低外側門；從側身看，橋手肘部前上方為高前域，下方為低前域，橋手肘部的後上方為高後域，後下方為低後域（圖 2-36、圖 2-37）。在這樣一個假想的四方體內，以均等的面積作為各種防守格擋法的依據。

1. 高外側前擋

正面對敵，右前鋒手上攤，左手下護（圖 2-38）。

2. 高外側後擋

正面對敵,左手以拍掌拍開敵方進攻的手(把敵方進攻的手擋向後外方),右護中手下伏(圖2-39)。

圖 2-39

3. 高內側前擋

正面對敵,左攤手將敵方進攻的手擋在左肩外,右前伏手伏在中線(圖2-40)。

圖 2-40

4. 高內側後擋

正面對敵,右手向左方推掌成護掌,左拳打中線拳(圖2-41)。

圖 2-41

圖2-42

5. 低外側前擋

正面對敵，左掌向右肩推出護掌，右伏手伏向右大腿前方（圖2-42）。

圖2-43

6. 低外側後擋

正面對敵，右手護掌守護在中線上，左伏手伏向右大腿前方做外擋動作（圖2-43）。

圖2-44

7. 底內側前擋

正面對敵，左護手護前胸，右伏手伏向左下方（圖2-44）。

8. 低內側後擋

正面對敵，右手守在中線位置（中原手），左手下按向左大腿邊（圖2-45）。

圖 2-45

在練習黏手前，應對「四門」概念（即「守四方」）有所瞭解。因為詠春拳的攻防一般都是「連消帶打」，這一防守招式在搏擊中很常用。

雖說這種攻守同時而發的技巧是比先防守後反擊的招式進了一步，但仍未達到詠春拳中「不招而打」的境界，所以在這裏僅做簡略的介紹。

十、對敵位置
的站法

圖2-46

詠春拳招式中多用直拳攻擊和中線防守，肘部要歸中（沉肘），要求拳要打中的同時兼防「四門」，因此，如何佔據最適當的對敵位置是詠春拳習者必修的一課。

例如：乙方右步上前以左直拳向甲方胸部進攻，此時甲方是以正面對敵，並以左手成後護手，右手為問路手。這樣的對敵位置是十分不利的，只要對手繼續上前逼進甲方的左側面，甲方就完全處於被動了（圖2-46）。此例說明甲方沒有真正掌握中線攻防的原理和把握好「四門」的位置。

十一、掌握中線
防衛法

一定要正確掌握中線的防衛方法。例如：在實戰搏擊中，乙方上左步並以左沖拳向甲方中路進攻，甲方向乙方的左側稍移半步，逼住乙方的左側面，然後用問路手伏住乙方左手臂的關節位；同時以左手攤手攤在乙方的左拳前手腕關節位（圖2-47）。在此例中，甲方的中線防衛掌握得較好。

正確的中線防衛法可由下述幾種方法獲得。

1. 前進步法

以正或側身大鉗陽馬勢（圖2-48）。

右腳向前彈出一步（圖2-49）。

圖 2-47

圖 2-48

圖 2-49

圖 2-50

左腳跟進上半步，仍保持側身大鉗陽馬，似右站樁勢（右腳在前，右手為先鋒手，左手為護手）（圖2-50）。

圖 2-51

2. 後退步法

正身大鉗陽馬勢，以右站樁勢來做退後動作（圖2-51）。

圖 2-52

左腳先向後退一步（圖2-52）。

右腳隨即後退一步
（右腳後坐），左腳及時
後退半步。退步雖說分先
後，但幾乎是同時進行的
（圖2-53）。

圖 2-53

3.移左步法
以右站樁勢（圖2-
54）。

圖 2-54

左腳向左方移半步
（圖2-55）。

圖 2-55

圖 2-56

右腳再迅速向左側移一步，仍保持右站樁姿勢（圖2-56）。

圖 2-57

4. 移右步法

以右站樁勢（圖2-57）。

圖 2-58

右前腳向右方移一步（圖2-58）。

左後腳迅速向右移半步（圖2-59），仍保持右站樁勢（注：雙手可輪回作先鋒手）。

圖 2-59

5. 站大鉗陽馬

以大鉗陽馬勢，右手先鋒手，左手護在後中線上（圖2-60）。

圖 2-60

上身整體轉向左方，重心落在右腳上，右手下按置於下腹部；或右直護掌成右坐馬站樁勢，左手護掌於右肩前或抽回左將台（圖2-61）。

圖 2-61

圖 2-62

身體又轉向右方，重心轉至左腳上。同時左手下按至腹前，右手化護掌於左肩前，或抽回右將台（圖2-62）。

圖 2-63

身體轉正，右護手不變，左按掌化左正護掌成先鋒手，呈左站樁勢（圖2-63）。

單黏手訓練

一、初級定式三式訓練

甲乙雙方相對而站，距離為兩人手長，甲乙雙方以鉗陽馬對峙（要求雙方的鉗陽馬勢始終保持不變），乙方以右直沖拳打向甲方中路，甲方立即以左手攤住乙方打來的右拳，乙方在被甲方左手攤住時，即把打出的右手化為伏手伏在甲方的左攤手上（圖3-1）。

甲方的攤掌化豎掌直向乙方的胸部拍打，乙方的伏手在感覺到甲方轉招時即化成按手，下按來掌（圖3-2）；

圖 3-1

圖 3-2

圖 3-3

同時，又變右日字沖拳以直拳向甲方胸部打去。甲方用膀手將來拳封住（圖3-3）。

圖 3-4

雙方做完上述動作後同時還原，即甲方以內簾攤手，乙方以外簾伏手（圖3-4）。此為詠春單黏手入門式，要求左右手循環不斷地練習，練熟後轉攔橋手，再反覆訓練至純熟。

二、單黏手單人 單式訓練

1. 插掌訓練

雙手沿子午線（中線）由上而下插下，練至雙臂伸直為止。這個動作稱為雙插掌。在這裏只做雙插手的單插。

圖 3-5

2. 插沙掌轉攔橋手 訓練

當雙手提日字拳後，左手慢慢插下，再向左方外擺為插沙掌轉攔橋手（圖3-5、圖3-6）。左右手反覆訓練至純熟。

圖 3-6

圖 3-7

圖 3-8

圖 3-9

三、雙人雙式訓練

甲乙雙方對峙（圖3-7）。

甲方以右下插拳打向乙方腹部，乙方即以左手下攔，將甲手攔出左大腿外側（圖3-8）。

一般用二桐部位去耕攔。練習時一定打出橫力，可分左右反覆訓練。

【例1】插掌配合日字沖拳對練

雙方以大鉗陽馬對峙（圖3-9）。

當乙方以右插拳向甲
方中下路攻擊時，甲方雙
手同時出擊，左手由上向
下作斜線下擺，右手則以
日字拳向前直線打出，雙
手 都 要 出 盡 力（圖 3－
10）。

圖 3-10

【例2】左攤右打
站大鉗陽馬或擺詠春
椿勢（圖3-11）。

圖 3-11

左手攤手的同時打出
右沖拳（圖3-12）。

圖 3-12

然後右手攤手打出左沖拳（圖3-13）。反覆練習。雙手要同時發勁，即「消打結合，連消帶打」。

圖 3-13

【例3】側身攤打沖拳

開大鉗陽馬或擺詠春椿勢（圖3-14）。

圖 3-14

身體轉向左方的同時左手攤出，右拳沖出時，仍是大側身大鉗陽馬勢（圖3-15）。

圖 3-15

左轉沖右拳練熟後，
再右轉沖左拳或左掌（圖
3-16）。要求反覆練熟。

圖 3-16

【例4】進馬沖拳及
側身攤打

雙手擺開對峙勢（圖
3-17）。

圖 3-17

甲方上左步，以右直
拳向乙方上路進攻，乙方
即以左攤手攤甲方右直
拳；同時，以右直拳打向
甲方面部（圖3-18）。

圖 3-18

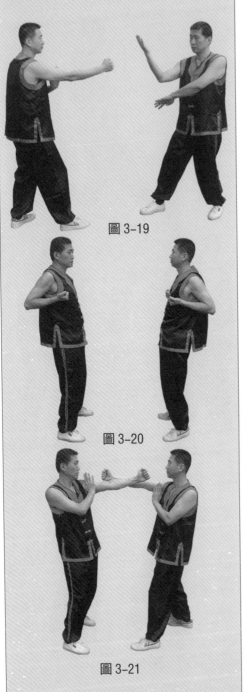

圖 3-19

圖 3-20

圖 3-21

這時乙方身體轉向左方，側身對敵，可使右手的攻擊距離近一些。甲乙退復原位後還原（圖3-19）。

此招式也稱搶內兼打。要求反覆練習，使自己的腰橋馬達到最佳狀態。

【例5】搶內簾手法訓練

雙方以鉗陽馬對峙（圖3-20）。

乙方以右沖拳打向甲方，甲方及時打出左直拳搶中線（圖3-21）。

當甲乙雙拳都打直
時，因甲方的左直拳是在
內簾，所以既可打到乙方
的臉部，又可趕走乙方的
左沖拳。當乙方再打出左
沖拳，甲方又及時搶中打
出右沖拳。當雙方都打出
直拳時，甲方的右直拳是
在內簾中線，故又可打在
乙方的臉部（圖3-22）。

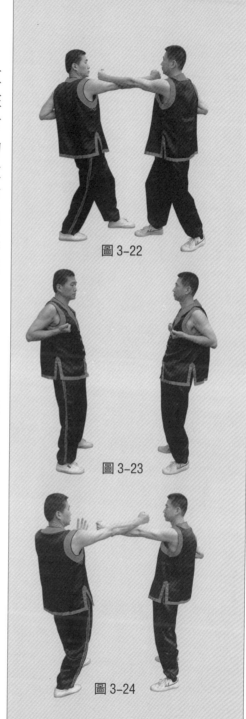

圖 3-22

圖 3-23

【例6】搶外簾手法
訓練

甲乙雙方站鉗陽馬對
峙（圖3-23）。

乙方以左沖拳向甲方
進攻，甲方也即以右沖拳
從乙方橋面打出；快打到
乙方時，甲方身體突然左
轉，減少右沖拳的攻擊距
離，打在乙方的臉部（圖
3-24）。

圖 3-24

當乙方轉身以右沖拳攻擊時，甲方又及時發左沖拳從乙方橋面打出，快打到乙方時，身體再突然右轉，減少右沖拳的攻擊距離，打在乙方的臉部（圖3–25）。

圖3–25

四、單黏手十六式手法訓練

十六式單黏手主要是訓練手臂的放鬆和守中。進攻的同時以肘部保護自己的心窩，肘底守住雙肋，靠封手穩守住自己的中路，不給對方任何破綻。練習中，每次攻擊都要求做到留中守中；同時，也要鍛鍊手臂靈活的寸勁和敏感的觸覺。

1. 甲乙雙方以大鉗陽馬對峙（圖3–26），腰馬穩，沉肩肘，以雙眼注視對方，乙方以左沖拳打向甲方中路，甲方及時以右攤手攔截，此時乙方即把

圖3–26

打出的左拳化伏手伏在甲方的右攤手上（圖3-27）。

這也是詠春拳單黏手的定式手法。在未熟習其他手法之前，一定要以此手法去練。

2. 乙方以左弓背掌向甲方胸部打去，甲方即以歸肘攤手化解乙方的進攻（圖3-28）。

【要領】

乙方打弓背掌時要迅速和直送。甲方攤手時掌背要下壓，手歸肘時前走並稍稍攤手，即可化解乙方的攻擊。

3. 乙方打出的弓背掌被甲方的攤手消解後，乙方即將左腕下旋半圈，用漏底掌打向甲方肋部，甲方的右攤手即化伏手回防守住肋部（圖3-29）。

【要領】

甲方的伏手下壓要沉肩落肘，肘部緊靠肋部或保留一拳頭的位置。

圖 3-27

圖 3-28

圖 3-29

圖 3-30

圖 3-31

圖 3-32

4.乙方的底掌被甲方化解後，即將左腕向右上擺指，當指尖擺出甲方防守區時，化直拳直打向甲方的頭部，甲方的右閂攔中掌即化高膀手去化解乙方的高直拳（圖3-30）。

【要領】

甲方的高膀手一定要膀到位，出臂力點要向前。

5. 當乙方的高沖拳被甲方的高膀手攔截住時，乙方又及時將左拳化勾手下拉甲方高膀手；當甲方高膀手被拉下時，甲方即將高膀手化成攤手來防範乙方的勾手（圖3-31）。

6. 乙方以下勾手勾散甲方的高膀手，迫使甲方化攤手解難時，又及時打出搶中拳，攻擊甲方的胸部，這時甲方再及時以中膀手攔截化解（圖3-32）。

7. 當甲方以中膀手攔住乙方的中路直拳時，乙方又及時將左腕下擺，以左偷漏手再次打甲方的肋部。甲方的右膀手及時下沉，以閂攔中掌再次攔住乙方的打肋手（圖3–33）。

圖 3-33

8. 當乙方左偷漏手被甲方的攔手化解後，乙方的左標指大擺，直標甲方胸口，甲方即以中膀手化解（圖3–34）。

圖 3-34

9. 當乙方左標指手被甲方中膀化解後，即化勾手下拉，甲方及時以攤手化解（圖3–35）。

圖 3-35

圖 3-36

10. 當乙方左勾手被甲方攤住後，乙方右手再化標指手攻擊甲方的臉部，甲方又及時以高膀手化解（圖3-36）。

圖 3-37

11. 當甲方以高膀手攔住乙方右標指手後，乙方又突然將左手下打甲方肋部，甲方再及時以問攔手護肋（圖3-37）。

圖 3-38

12. 當甲方以問攔掌攔住乙方偷漏掌後，乙方突然將左手內扣，以左掛拳攻擊甲方的臉部，甲方即以右弓箭手攔截乙方左掛拳（圖3-38）。

13. 當甲方高弓箭手攔住乙方左掛拳後，乙方以手腕部內圈下勾，向甲方打出偷漏掌，攻擊甲方的胸部，甲方右手及時下按乙方撐掌手的二桐位（圖3-39）。

圖 3-39

14. 當乙方的偷漏掌被甲方以沉手下按時，左指即時左擺以直推掌打向甲方的右臉部，甲方及時以右穿掌化解（圖3-40）。

圖 3-40

15. 當甲方擋住乙方直掌時，即將高穿掌變為攤手，此時乙方將直掌化為伏手，勢同開式（圖3-41）。

圖 3-41

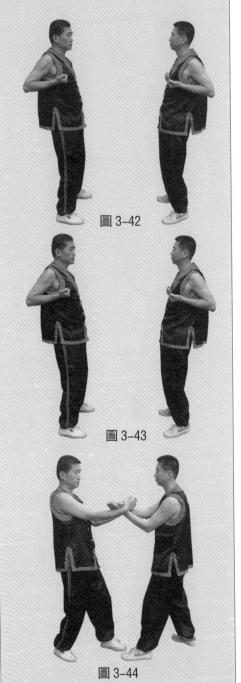

圖3-42

圖3-43

圖3-44

16. 收勢，雙方站大鉗陽馬（圖3-42）。

以上單黏手訓練主要是乙方由外簾攻擊甲方，然後甲方從內簾攻擊乙方，最後甲乙雙方互攻的三組練習之一。

五、雙人黏手定式手法訓練

雙人以鉗陽馬對峙（圖3-43），乙方以右拳向甲方的胸部攻擊，甲方即以左內簾攤手接招。當甲方攤住乙方沖拳時，乙方右沖拳手即化伏手，伏住甲方的左攤手。這時甲方以右沖拳打向乙方的胸部，乙方左攤手攤住甲方右沖拳手。當甲方的右沖拳被乙方攤住時，甲方的右沖拳手即化伏手，伏在乙方的攤手上。該姿勢是初學雙黏手規定手法之一（圖3-44）。

1. 甲乙雙方各做「轆
手」三次，即左手攤膀
攤、右手膀攤膀後再歸回
雙黏手勢（圖3-45～圖
3-47）。

圖 3-45

圖 3-46

圖 3-47

圖3-48

2. 乙方右腕內旋由下而上地用直推橫掌攻擊甲方左側臉部。甲方的左攤手即轉高膀手去消解乙方打來的右橫掌；同時，右臂內旋，轉下伏管住乙方的左手（圖3-48）。

圖3-49

3. 依上勢，乙方的左手轉攤手化直拳打向甲方的中路。此時甲方右腳退後一步，右手以二桐手將乙方的左沖拳耕向自己身體左方內側（圖3-49）。

圖3-50

4. 乙方的右手外下旋，用底掌去拍打甲方的肋部。這時甲方左腳進一步，用左高膀手化下按手按住乙方的右底掌，右手可輕輕抬高或轉膀手（圖3-50）。

5. 乙方的底掌被甲方的下按掌伏下，此時乙方的右腕內擺，當搶中到位時即以右直拳打向甲方的中路。甲方的左伏手即旋勁化膀手消解（圖3-51）。

6. 乙方右腳向前進一步，左腕外旋由上而下地用底掌向甲方的胸部打出。甲方左腳向後退一步，右手腕外旋作下伏手消乙方打掌（左手可自然變化或輕輕上膀）（圖3-52）。

7. 這是一組練攤膀手和轆手的招式，也是練習黏手的過渡。

（1）當雙方對練回到定式黏手姿勢時，即甲方的左手成攤手，右手成膀手；乙方左手成膀手，右手攤伏（圖3-53）。該勢是詠春拳黏手化招前的一式。

圖3-51

圖3-52

圖3-53

圖 3-54

圖 3-55

圖 3-56

（2）甲方的左攤手化膀手，右伏手化攤手；乙方的右手化伏手，左手化攤手（圖3-54）。

（3）甲方的左膀手化攤手，右手化膀手；乙方的右手接著化攤手，左手化膀手（圖3-55）。

以上三組動作是詠春拳基礎的三「轆手」，主要目的是訓練胳膊和手的敏感性，本書暫不做詳細介紹。

8. 乙方右腕以弓背掌向甲方中路伴攻。甲方左手歸肘，掌部稍上轉（仍是攤手），消解乙方的弓背掌（3-56）。

9. 乙方左橋手偷沉後，用外橫掌向甲方臉部打去。甲方右橋手內旋以高膀手消解（圖3-57）。

圖 3-57

10. 乙方右腕下伏甲左手，並用偷漏掌由上而下向甲腹部打去。甲方左攤手即轉伏手消解（圖3-58）。

圖 3-58

11. 當乙方的右手被甲方左手伏按時，即擺指向內割腕搶中，並用右橫掌由下轉上直打甲方的中路。甲方左手即化中膀手來消解乙方的進攻（圖3-59）。

圖 3-59

圖3-60

圖3-61

圖3-62

12. 乙方的左手再次進攻，以下攤手搶內簾，以內簾橫掌向甲方中路再擊。甲方的手臂以二桐位在化攤手之間又化內耕手來消解乙方的進攻（圖3-60）。

13. 乙方的左手轉攤手搶甲方內簾，在黏住甲方右手時左腳後退一步，隨即右手由下而上用外橫掌向甲方頸部攻擊（也可勾甲方的脖子）。這時甲方左腳向前一步，隨即右手用二桐伏手消解乙方的攻擊；同時，左手高膀手消解乙方的外橫掌進攻（圖3-61）。

14. 乙方左腳向前一步，左腕內旋用沉橋手沉下，並向甲方中路打去。甲方右腳退一步，以右膀手內旋消解（圖3-62）。

15. 乙方的左拳變掌搶外簾下打甲方肋部，然後突然攤起搶內簾，右手用橫掌向甲方中路攻擊。甲方左腳向前一步，用左耕手消解（圖3-63）。

圖 3-63

16. 乙方右手轉攤手，右腳後退一步，隨即用左標指向甲方頸部進攻。甲方腳向前一步；同時，左手化伏手，右臂轉高膀手消解乙方的左標指手（圖3-64）。

圖 3-64

17. 乙方右腳向前一步，同時左臂下沉，左腕由內簾從下而上變左沖拳打向甲方中上路。甲方左腳後退一步，右臂化膀手消解（圖3-65）。

圖 3-65

圖3-66

圖3-67

圖3-68

18. 乙方左腳向前一步，右手下勾後用直拳打向甲方的胸部。甲方腳向後退一步，左手即化膀手消解（圖3-66）。

19. 乙方的左橫掌由上向下勾，外勾甲方的右手腕；同時，將右手由下而上搶內簾，用橫掌向甲方的臉部打出。甲方左腳向後退一步，右手變低膀手消解乙方的左手，而左手由下而上轉高膀手去消解乙方的橫掌（圖3-67）。

20. 乙方左腳向前一步，右橫掌同時化勾手，下勾甲方的左手腕，當甲方左腕下沉時，緊接著用手打向甲方臉部。此時，甲方左手轉攤手消解乙方的右拳，而右手即化高膀手去消解乙方的左掛拳（圖3-68）。

21. 乙方的右橋手下沉後改用橫掌攻擊甲方的胸部。甲方可以攤手或膀手膀起消解（圖3-69）。

圖 3-69

22. 乙方右腳向前一步，右手腕由內圈外一周即伏在甲方的左手二桐位上；同時，左臂外旋由上而下地以左漏底掌打向甲方的右肋部。甲方的左腳立即向後退一步，左臂沉肘轉為攤手，消解乙方右伏手，並且將右橋手轉下成按伏掌，以消解乙方左手的外漏底掌攻擊（圖3-70）。

圖 3-70

23. 乙方左腳進一步，左手以割腕內旋，用左勾腕由外搶在甲方右臂內簾，以左直沖拳打向甲方的胸部。甲方右腳後退一步，右橋手即化膀手或內耕手消解乙方的中路拳（圖3-71）。

圖 3-71

單黏手訓練

59

圖 3-72

24. 甲方左腳向前進
一步，身腰同時轉左並把
乙方的雙手帶向自己左
側，成左攤右膀勢。這時
乙方右腳後退一步，佯作
被甲方帶動，再尋找機會
攻擊（圖3-72）。

圖 3-73

25. 甲方左腳向前進
一步，雙手即化膀手，向
前彈送給乙方。乙方這時
右腳向後退一步，雙臂分
別以右伏手和左攔橋手化
解甲方的彈手（圖3-
73）。

圖 3-74

26. 依上勢，甲方橋
手雙歸肘後以雙割橋手二
桐位做彈手攻擊。乙方即
雙橋手以左攤右膀攔接
（圖3-74）。

27. 甲方右腳向前一步，用右手以二桐位由右而左帶壓，使甲方成一手伏乙方二手的局面。乙方以左腳後退一步消解（圖3-75）。

圖 3-75

28. 甲方左腕由下而上內旋後用外橫掌攻擊乙方的臉部。乙方右橋手馬上從內簾穿上用穿手化解甲方的左橫掌；同時，左橋手向前用膀手消解甲方的伏手（圖3-76）。

圖 3-76

29. 甲方右手隨即彈腕下沉，搶得空位後，即以右直拳攻擊乙方的胸部。乙方以左膀手化解（圖3-77）。

圖 3-77

圖 3-78

圖 3-79

圖 3-80

30. 當甲方右直拳被乙方左膀手攔截時，即以偷右底掌打向乙方的左肋部位。乙方的左膀手隨即下沉化為伏手，伏按甲方的右偷底掌（圖3-78）。

31. 甲方雙手向左轉，左手由上而下轉攤手，而右手轉伏手。乙方雙手跟隨甲方雙手轉左手成攤手，右手成伏手，再做三轆手後，此式還原（圖3-79）。

32. 收勢，雙方雙拳收回將台後還禮（圖3-80）。

以上為定式32式黏手訓練，愛好者可先按部就班地學習，待練熟後，再在師傅的指導下，進行化拆和不定式黏手的練習。

不定式黏手訓練

詠春拳的攻擊手法除直拳搶中外，還有很多的「絕手」：手法中還有雙飛掌、陰陽連環鎖子手、閉穴收花大法等；腳法則有虎尾腳、穿心腳、陰陽連環鎖子腳等，這些將留在以後的書中介紹，在此僅舉數例。

圖4-1

【例1】

搶中打手訓練。單人打出左日字拳（於中線），右護手或攤護於中線（圖4-1）。

【例2】

標出左指，右護手仍然護於中線（圖4-2）。

圖4-2

圖4-3

圖4-4

圖4-5

【例3】

乙方以右直拳向甲方攻擊。甲方及時以左沖拳搶中，打在乙方的臉部（圖4-3）。

【例4】

甲方以左沖拳打向乙方。乙方右手及時用標指掌搶中，標指可直接攻擊甲方的臉部；同時，左護手掌擋住甲方的來拳（圖4-4）。

一、攤手系列

攤手是詠春門常用的攻防手法之一。一般雙黏手都可用攤手進行化拆（本書後面將作介紹），這裏著重介紹離手類的攤打攤防。

【例1】攤手直拳
（搶內簾）

雙方對峙準備格鬥（圖4-5）。

乙方左直拳向甲方頭部攻擊。甲方即以右攤手攤住對方來拳的內簾；同時，以左沖拳打向乙方臉部（圖4-6）。

圖4-6

【例2】攤手直拳
　　　（搶外簾）

雙方對峙準備格鬥（圖4-7）。

圖4-7

乙方以右沖拳向甲方進攻。甲方隨即左閃側，並以右攤手攤住對方來拳的外簾；同時，以左拳直打乙方的腮部或肋部（圖4-8）。

圖4-8

圖 4-9

【例3】攤手殺掌

雙方對峙準備格鬥
（圖4-9）。

圖 4-10

乙方以左沖拳向甲方
上路進攻。甲方即以右攤
手變抓手抓住乙方的左
腕，隨即以左殺掌攻擊乙
方脖子（圖4-10）。

圖 4-11

【例4】攤手（抓手）
轉伏打

雙方對峙準備格鬥
（圖4-11）。

乙方以右直拳向甲方
上路攻擊。甲方即以右攤
手截住對方的來拳（圖
4-12）。

圖 4-12

然後突然上左步，右
攤手轉下拉手，左手馬上
伏按乙方右關節位，騰出
右拳直打乙方頭部（圖
4-13、圖4-14）。

圖 4-13

圖 4-14

圖 4-15

圖 4-16

圖 4-17

【例 5】攤手勾脛發
直拳

雙方對峙準備格鬥
（圖4-15）。

乙方以右直拳向甲方
上路攻擊。甲方即以右攤
手攤截乙方的右直拳（圖
4-16）。

即轉下拉手；同時，
上左步以左手勾住乙方脖
子使勁下拉（圖4-17）。

同時，右拳打向乙方
臉部（圖4-18）。

圖 4-18

【例6】膀攤手轉攤
打
　　雙方對峙準備格鬥
（圖4-19）。

圖 4-19

　　乙方以右沖拳向甲方
中路進攻。甲方即以左膀
手招架（圖4-20）。

圖 4-20

圖4-21

圖4-22

圖4-23

當甲方用外膀接住乙方右直拳時，乙方又以左直拳向甲方上路打來。甲方再以右攤手搶內簾（圖4-21）。

用左膀手即圈轉成攤手，攤住乙方右手二桐位，而右攤手變豎掌（或標指），直打乙方的臉部（圖4-22）。

【例7】攤手化漏手打肋

雙方對峙準備格鬥（圖4-23）。

甲方向前以右拳向乙方胸部攻擊。乙方即以右前鋒手變為攤手，攤在甲方來拳的橋面上（圖4–24）。

圖 4–24

隨後中線攤手轉腕變為漏手，打甲方的胸部（或肋部），並同時逼步向前以左豎掌直拍甲方胳膊的關節位（圖4–25）。

圖 4–25

【例8】攤手化(拋)拳打肋

雙方對峙準備格鬥（圖4–26）。

圖 4–26

圖 4-27

甲方上左馬以右沖拳
向乙方中路攻擊。乙方即
以右攤手攤防甲方的來拳
（圖4-27）。

圖 4-28

同時，再以左勾或拋
拳擊向甲方右胳膊的肘底
關節位，右攤手變拳連打
甲方肋部（圖4-28）。

圖 4-29

【例9】攤標手轉伏
手打

雙方對峙準備格鬥
（圖4-29）。

甲方以右直拳向乙方中路攻擊。乙方即以左攤手在內簾攤住甲方的右沖拳；同時，以右標指手攻擊甲方喉部（圖4-30）。

圖4-30

右標指手順勢向下伏按；然後迅速坐偏身馬，以左直拳猛打甲方的臉部（圖4-31）。

圖4-31

【例10】攤手化直漏手打

雙方對峙準備格鬥（圖4-32）。

圖4-32

甲方以右直拳向乙方
中路進攻。乙方即以右攤
手攤截來拳（圖4-33）。

圖4-33

左護手變拳打向甲方
的臉部（圖4-34）。

圖4-34

左手即變抓手順勢把
甲方右手按下，然後右手
變直漏手掌猛打甲方臉部
（圖4-35）。

圖4-35

【例11】內簾攤手化卡脖

雙方對峙準備格鬥（圖4-36）。

圖 4-36

乙方向前以右直拳向甲方中路進攻。甲方立即迎上並以左手攤住乙方右拳的內簾（圖4-37）。

圖 4-37

突然轉下拉手將乙方右拳橋手下拉，同時打出右抓手卡乙方的脖子（圖4-38）。

圖 4-38

【例12】攤手化拉手側拳

雙方對峙準備格鬥（圖4-39）。

圖 4-39

乙方以左直拳向甲方中路攻去。甲方即以右攤手攤住乙方右拳的內簾（圖4-40）。

圖 4-40

用左抓手抓住乙方的左手腕並下拉（圖4-41）。

圖 4-41

右攤手立即變直拳打在乙方的臉上（圖4-42）。

圖4-42

【例13】外攤橫拍變直拳

雙方對峙準備格鬥（圖4-43）。

圖4-43

乙方以右直拳向甲方上路進攻。甲方即以右攤手或伏手招架（圖4-44）。

圖4-44

圖 4-45

左護手拍打乙方胳膊
的二桐並下按，隨後右攤
手化直拳打向乙方的臉部
（圖4-45）。

圖 4-46

【例14】內攤彎弓與
直拳

雙方對峙準備格鬥
（圖4-46）。

圖 4-47

甲方以左沖拳向乙方
中路進攻。乙方以右攤手
招架（圖4-47）。

緊接著逼步，左護手變彎弓射箭手封甲方雙肩，右攤手變直拳打在甲方的臉上（圖4-48）。

二、攤膀手轉膀手系列

膀手是詠春拳在實戰中運用較多的一種連消帶打手法。因為膀手在防守中可作先鋒手去反擊對手，給敵人以重創。所謂攤膀，顧名思義，即有攤必有膀，膀中必有攤。攤膀手是一組不可分割的陰陽連環手法，它在防守上不給對手任何破綻，進攻上卻能輕而易舉地搶得主動，迫使對手處於只有招架之功而無還手之力的境地。

【例1】攤膀手勾拉化直拳

雙方對峙準備格鬥（圖4-49）。

圖 4-48

圖 4-49

圖 4-50

甲方以右直拳向乙方進攻。乙方左閃側並出左膀右攤手接甲方右拳（圖4-50），右攤手化勾拉手，左膀手化直拳（也可以化肘擊）打在甲方臉上，連環攻擊（圖4-51）。

圖 4-51

【例2】先膀手化掛拳打

雙方對峙準備格鬥（圖4-52）。

圖 4-52

甲方以左日字拳打乙方中路。乙方即以右膀手膀在甲方來拳的外簾（圖4-53）。

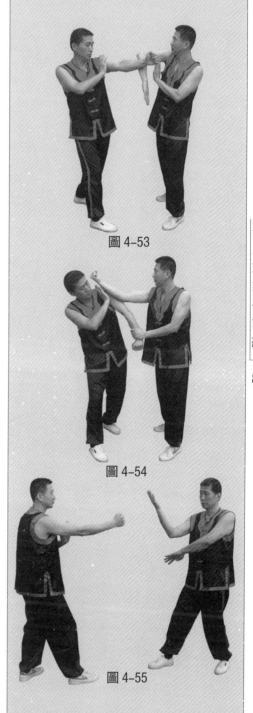

圖 4-53

左護手突然變招抓甲方手腕，右拳猛擊甲方頭部（圖4-54）。

圖 4-54

【例3】攤轉外簾膀手打

雙方對峙準備格鬥（圖4-55）。

圖 4-55

圖 4-56

甲方以右直拳向乙方
進攻。乙方即以左攤手先
搶內簾；同時，右沖拳直
打甲方臉部（圖4-56）。

圖 4-57

迅速再出左膀手，整
個身形搶出簾外，即「內
攤搶外膀」（圖4-57）。

圖 4-58

然後，右手緊扣甲方
的右手腕，左膀手化掛拳
打向甲方臉部（圖4-58）。

【例 4】膀手爆拳
（意爲突然爆炸）轉伏打
　　雙方對峙準備格鬥
（圖4-59）。

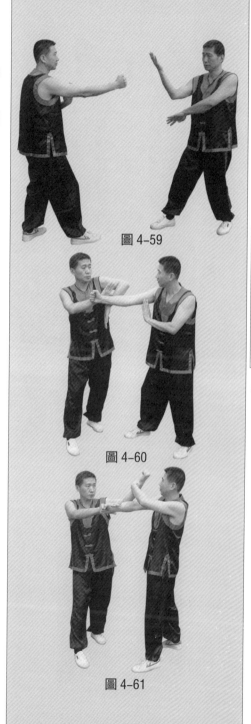

圖 4-59

　　乙方以右直拳向甲方
上路攻擊。甲方即以左膀
手側身搶外簾招架（圖
4-60）。

圖 4-60

　　右護手抓乙方的右直
拳；同時，左膀手轉掛拳
猛打乙方的臉部（圖4-
61）。

圖 4-61

圖 4-62

當乙方以左手攤住甲方掛拳時，甲方左掛拳即轉下伏拉手，造成乙方雙手交叉（即成「以一伏二」之勢），這時甲方即可打出右直拳（圖4-62）。

圖 4-63

【例5】先膀手化殺掌打

雙方對峙準備格鬥（圖4-63）。

圖 4-64

乙方以右直拳向甲方進攻。甲方即以左高膀手膀在乙方右拳外簾（圖4-64）。

右護手抓住乙方胳膊的腕部下按；同時，左膀手即可變殺掌攻擊乙方咽喉部位（圖4-65）。

圖 4-65

【例 6】內膀外攤打橫掌

雙方對峙準備格鬥（圖4-66）。

圖 4-66

乙方以右直拳向甲方上路攻擊。甲方以右膀手搶內簾招架（圖4-67）。

圖 4-67

沉後肘轉右攤手攤住
乙方右直拳，發左橫掌打
在乙方肋骨部位（圖4-
68）。

圖 4-68

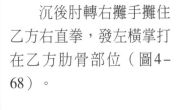

【例7】內簾膀化撐
殺掌

雙方對峙準備格鬥
（圖4-69）。

圖 4-69

乙方以左直拳向甲方
上中路攻擊。甲方立即以
左膀手招架（圖4-70）。

圖 4-70

右護手或膀手及時把
乙方的左沖拳撐起（或橫
抓）（圖4-71）。

圖 4-71

左膀手擊打乙方胸部
（或肋部）（圖4-72）。

圖 4-72

【例8】雙膀沉肘化
標打

雙方對峙準備格鬥
（圖4-73）。

圖 4-73

圖 4-74

圖 4-75

圖 4-76

乙方以雙拳向甲方中上路攻擊（即雙龍出海）。甲方即以雙膀手招架（圖4-74）。

隨即雙膀沉肘轉雙攤手後用直標指打乙方臉部（圖4-75）。

三、耕攔手系列

耕攔手是詠春拳中較常用的一種攻防手法。它包括上攔手和下攔手。上攔手常用於接對方較高的攻擊手，而下攔手則接腰部以下的攻擊手和腳。攔手在詠春拳中不僅是簡單的防禦，而是防中帶攻的手法。

【例1】耕防扣頸直漏打

雙方對峙準備格鬥（圖4-76）。

甲方以右直拳打向乙方中路。乙方立即走甲方的右側門，並以左手耕住來拳（圖4-77）。

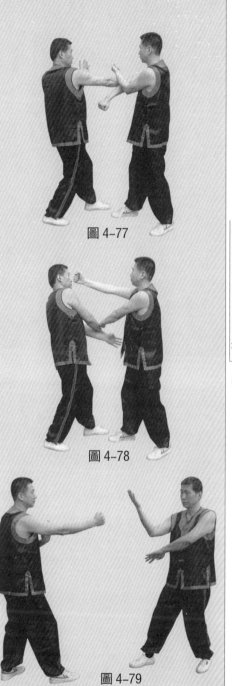

圖 4-77

然後左手直伸去扣甲方的脖子，或下按甲方右拳，右護手變直拳猛打甲方的臉部（圖4-78）。

圖 4-78

【例2】內攔手化掌打臉

雙方對峙準備格鬥（圖4-79）。

圖 4-79

圖 4-80

甲方上馬用右拳攻擊乙方上路。乙方的護手立即變攔手搶內簾位（圖4-80）。

圖 4-81

然後左攔橋手變拍掌在內簾橫打甲方右臉部（也可連環扣打）（圖4-81）。

圖 4-82

【例3】下攔手與破中手

雙方對峙準備格鬥（圖4-82）。

甲方上馬，右手以低
插拳向乙方腹部攻擊。乙
方即以左手向下攔截甲方
的右沖拳；同時，立即打
出右破中殺手，攻擊甲方
的脖子（圖4-83）
　　（注：右破中殺手也
可打直拳）。

圖 4-83

【例4】攔橋手與子
午拳
　　雙方對峙準備格鬥
（圖4-84）。

圖 4-84

乙方以右手拋拳攻擊
甲方頭部。甲方左手以護
手變攔橋手攔截乙方的右
拋拳；同時，右手以中線
直拳猛打乙方的臉部（圖
4-85）。

圖 4-85

【例5】攔橋防守扣頸打

雙方對峙準備格鬥（圖4-86）。

圖4-86

甲方以右高沖拳攻擊乙方的頭部。乙方即用左攔橋手搶內簾攔截；同時，右手以陰鏟掌攻擊甲方的脖子（圖4-87）。

圖4-87

【例6】攔橋手防腳打中

雙方對峙準備格鬥（圖4-88）。

圖4-88

甲方突然起右腳踢乙方中路。乙方用攔橋手（也稱破中手）攔截，並迅速逼步黏近甲方（圖4-89）。

左護手化弓箭手封住甲方雙肩；同時，以右直拳攻擊甲方的臉部（圖4-90）。

【例7】攔橋防與殺頸手

雙方對峙準備格鬥（圖4-91）。

圖 4-89

圖 4-90

圖 4-91

甲方用右直拳向乙方
進攻。乙方立即搶中門用
左手攔住甲方的來拳；同
時，右手以殺掌攻擊甲方
的脖子（圖4-92）。

圖4-92

【例8】攔橋手防勾
拳打

雙方對峙準備格鬥
（圖4-93）。

圖4-93

乙方用直拳（或左勾
拳）向甲方肋部攻擊。甲
方即以右攔手攔截乙方左
拳；同時，左手勾拳壓住
乙方右直拳從橋面攻擊乙
方的臉部（圖4-94）。

圖4-94

【例9】耕殺掌連消
帶打

　　雙方對峙準備格鬥
（圖4-95）。

圖4-95

　　乙方用右直拳向甲方
胸部攻擊。甲方立即以左
耕手攔截（圖4-96）。

圖4-96

　　同時，左耕手拳頭變
掌攻擊乙方的脖子（圖4-
97）。

圖4-97

圖 4-98

【例10】攔橋弓箭化
沖拳

雙方對峙準備格鬥
（圖4-98）。

圖 4-99

乙方以右直拳向甲方
胸部進攻。甲方立即以左
弓箭手砍向乙方胳膊的二
桐位（圖4-99）。

圖 4-100

以左弓箭手化沖拳向
上攻擊乙方的下頜（圖4-
100）。

【例11】攔下打上搶
中路

　雙方對峙準備格鬥
（圖4-101）。

圖 4-101

　乙方突然起右腳蹬打
甲方的中路。甲方立即以
右攔手轉抱手抱住乙方的
右腳（圖4-102）。

圖 4-102

　打左沖拳攻擊乙方的
上路（圖4-103）。

圖 4-103

圖 4-104

【例12】左耕圈手打兩肋

雙方對峙準備格鬥（圖4-104）。

圖 4-105

乙方用右直拳向甲方上路進攻。甲方即以左手攔截乙方的來拳；同時，以內圈手運腕勁耕住乙方的右拳（圖4-105）。

圖 4-106

當甲方內圈手圈至一半時，左手向乙方胸部打出左直掌（圖4-106）。

【例13】耕攔防與伏手打

雙方對峙準備格鬥（圖4-107）。

圖4-107

甲方以「黑虎掏心」（即左手抓臉，右手下抓）攻擊乙方。乙方向右閃側並以左手耕攔對方的橋手，右耕手接住甲方進攻之手（圖4-108）。

圖4-108

及時下按，迫使甲方左手壓住自己的右手（成「一伏二」勢）；也可直接按手打接拳，乙方左攔手變直拳打向甲方的臉部（圖4-109）。

圖4-109

圖 4-110

圖 4-111

圖 4-112

四、伏手系列

伏手是詠春拳中常用的手法之一。將攤手轉為伏手法的攤伏手法，是利用靈活的手腕去化拆及消解對方從不同方位和角度的進攻。它常與其他手一起配合運用。

【例1】伏手變圈手直打

雙方對峙準備格鬥（圖4-110）。

乙方以右直拳向甲方上路進攻。甲方立即以左伏手伏住來拳（圖4-111）。

然後立即（圈手）搶位，當圈手行半圈後即化直拳，直擊乙方臉部（圖4-112）。

【例2】伏按掌連消帶打

雙方對峙準備格鬥（圖4-113）。

乙方起膝攻擊甲方的腹下部。甲方及時左轉坐馬，用右伏掌下按（圖4-114）。

當右掌拍擋到乙方膝部後，即化掌為拳直打在乙方的臉部（圖4-115）。

圖4-113

圖4-114

圖4-115

【例3】伏手化抓與沖拳

雙方對峙準備格鬥（圖4-116）。

圖4-116

乙方以右直拳向甲方進攻。甲方立即以左伏手伏按乙方右拳（圖4-117）。

圖4-117

立即變下抓手將乙方右手下抓，右手以直拳打向乙方面部（圖4-118）。

圖4-118

【例4】雙伏手變一
伏二

雙方對峙準備格鬥
（圖4–119）。

圖4–119

乙方以右直拳向甲方
進攻。甲方立即閃側在乙
方右手邊，以雙伏手伏乙
方打來的右拳（圖4–
120）。

圖4–120

然後左手攻擊乙方臉
部（圖4–121）。

圖4–121

圖 4-122

圖 4-123

圖 4-124

再轉右拳攻擊乙方臉部。當乙方用左手去擋甲方的右沖拳時，甲方右手即化伏按手，成「一手伏二」勢，左拳朝乙方下巴猛擊（圖4-122、圖4-123）。

【例5】伏手防變子午拳

雙方對峙準備格鬥（圖4-124）。

甲方以右沖拳向乙方
胸部攻擊。乙方即以左伏
手下按甲方的右沖拳（圖
4-125）。

圖4-125

甲方及時將右手變攤
手攤截乙方的左伏手，然
後以身腰馬右轉並出左直
拳猛擊乙方的臉部（圖4-
126）。

圖4-126

【例6】雙伏搶內簾
打肋

雙方對峙準備格鬥
（圖4-127）。

圖4-127

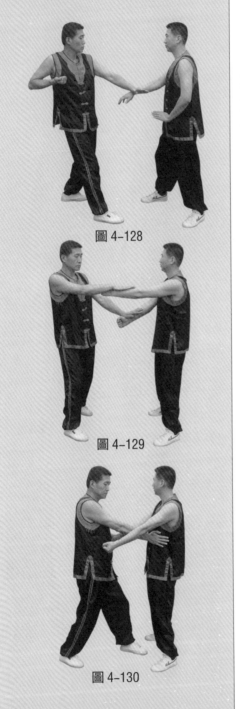

圖 4-128

乙方以右直拳向甲方攻擊。甲方即以左手伏住乙方的右直拳（圖4-128）。

這時乙方又以左直拳向甲方攻擊。甲方再以右伏手伏住乙方的左拳（圖4-129）。

圖 4-129

這時甲方以雙伏手內扣並圈腕搶內簾，直擊乙方雙肋部（注：這一手法在練習時要小心，有一定的危險性）（圖4-130）。

圖 4-130

【例7】伏手搶攻闖中心

雙方對峙準備格鬥（圖4-131）。

圖4-131

乙方以左標指手向甲方中路攻擊。甲方即迎上並以左伏手從乙方標指手的外簾伏下；同時，右護手變直拳攻擊乙方的胸或臉部（圖4-132）。

五、標指系列

標指手是詠春拳的一絕，充分顯示了詠春拳在攻防中的搶打意欲。標即搶打。詠春拳訣曰：「無橋尋橋，有橋搶打。」一旦搶得對方的橋手，便不會讓對手有喘息的機會。「一化三，三化六，六化連環扣」的高級打法往往逼得對手處於「無法走」的境地。但因其出手險

圖4-132

圖 4-133

圖 4-134

圖 4-135

惡，易於傷人，所以歷代拳師和前輩都不輕易傳授該手法，必慎重選徒而教。故此，在本書中僅舉幾例。

【例1】攤接伏防鎖喉指（陰鏟手）

雙方對峙準備格鬥（圖4-133）。甲方以右沖拳向乙方中路攻擊。乙方即向左閃側一步，以右攤手攤住甲方來拳外簾（圖4-134），左護手變伏手伏壓甲方右拳的關節位，然後右攤手化陰標指攻擊甲方的脖子（圖4-135）。

【例2】攤接伏防鎖
喉指（陽標指）

　　開式與上例同。乙方
左護手伏住甲方來拳關節
位，右攤手化陽標指手攻
擊甲方的咽喉部位（圖
4–136）。

圖 4–136

【例3】攤防拉手鎖
喉指

　　雙方對峙準備格鬥
（圖4–137）。

圖 4–137

　　甲方用右沖拳向乙方
中路攻擊。乙方即以右攤
手攤住甲方來拳（圖4–
138）。

圖 4–138

圖 4-139

突然轉拉手下按甲方
橋手，左掌直打甲方胸部
（圖4-139）。

圖 4-140

然後突然竄起，成標
指攻擊甲方喉部（圖4-
140）。

圖 4-141

【例4】膀手化掛拳
鎖喉
雙方對峙準備格鬥
（圖4-141）。

甲方用右直拳向乙方中路進攻。乙方以左膀手攔截（圖4-142）。

圖4-142

右護手下按甲方右拳，左手化掛拳打在甲方胸部上（圖4-143）。

圖4-143

又突然將左拳化指向上直插，以陽標指手封甲方的上路（圖4-144）。

圖4-144

圖 4-145

【例 5】連消帶打標指手

雙方對峙準備格鬥（圖4-145）。

圖 4-146

乙方以右沖拳向甲方上路攻擊。甲方同時用左標指手搶內簾向乙方臉部直插，右手成護手護在左肩前（圖4-146）。

圖 4-147

【例 6】左脫手與右標指

雙方對峙準備格鬥（圖4-147）。

甲方以右插拳打向乙
方的腹部。乙方即以右下
按掌防守，當按到甲方的
右拳時，即轉鎖手鎖住甲
方來拳的腕部（圖4－
148）。

圖4-148

甲方即以左插沙掌
（即鏟手）去搶脫被鎖的
手（圖4-149）。

圖4-149

左手及時化弓箭手封
住乙方前鋒手，右手變標
指手以側指直插乙方面部
（圖4-150）。此招慎
用。

圖4-150

圖 4-151

圖 4-152

圖 4-153

六、掛拳系列

除三星拳外，掛拳也是詠春拳中常見的攻擊手法之一，是用拳背自上而下地攻擊對手，具有出拳快速、兇猛的特點。短距離地從上掛下，有令對手防不勝防的效果。由於掛拳常配合其他手法一起運用，故此也有其他的黏手系列。

掛拳的訓練方法：雙方開鉗陽馬對峙準備格鬥（圖4-151）。

乙方以右沖拳向甲方攻擊。甲方右手攤抓乙方右沖拳，然後出左拳自上而下地向乙方頭部打下（圖4-152）。

乙方馬上起右膀手攔截甲方的掛拳，同時起左攤手協助防守（圖4-153）。

乙方左攤手變為抓手，扣住甲方的掛拳，並將右膀手變掛拳打向甲方的頭部（圖4-154）。

圖4-154

甲方左手即化膀手攔截乙方的後掛拳，同時起右攤手協助防守（圖4-155）。

這組掛拳要反覆循環地練習。切記「拳打千遍，功夫自現」的祖訓。

圖4-155

【例1】先打封左右掛打

雙方對峙準備格鬥（圖4-156）。

圖4-156

圖4-157

甲方用右沖拳向乙方
攻擊。乙方即向左方閃側
一步，以右切掌封住來拳
（圖4-157）。

圖4-158

然後切掌變拉手下拉
甲方右拳橋手時，左手化
掛拳猛打甲方臉部（圖
4-158）。

圖4-159

又化伏手下按甲方右
手，以右掛拳打向甲方胸
部或臉部（圖4-159）。

【例2】攤膀防與掛拳攻（綜合手法）

雙方對峙準備格鬥（圖4-160）。

圖4-160

乙方以右沖拳向甲方中路進攻，甲方即以左攤手攔截乙方直拳的進攻（圖4-161）。

圖4-161

這時乙方的右沖拳即變膀手，搶得內簾（圖4-162）。

圖4-162

當左手去按甲方攤手二桐時，右膀手化掛拳猛打向甲方的臉部（圖4-163）。

七、肘膝系列

學過外家拳法的人都擅長離身的搏擊格鬥。我們知道，當雙方近身糾纏或與對手「黏」在一起時，便會感到力不從心，甚至很容易被對手以擒拿或摔打的手法搞得連連敗北。詠春拳是以近身、黏手、短橋與寸勁而著稱的，近身格鬥對詠春拳手來講，是正中下懷，越近越易發揮，它可以從長打到短，從拳打到肘，從肘打到肩，從肩打到頭。因此，在近距離下怎麼打，怎樣才能發揮肘與膝的攻擊威力，這是近身搏擊的關鍵。下面為讀者介紹幾例肘法攻擊法。

圖 4-163

【例1】防抱腰左肘直下

雙方對峙準備格鬥（圖4-164）。

圖4-164

乙方突然逼步下蹲，意在將甲方攔腰抱起（圖4-165）。

圖4-165

甲方即坐大鉗馬（可防被對方抱起），右手按壓乙方後頸；同時，左肘直向下猛擊乙方的背部，也可反過來運用（圖4-166）。

圖4-166

圖 4-167

圖 4-168

圖 4-169

【例2】批肘

　　招式與拆解在《詠春拳——尋橋、標指》和《詠春拳——木人樁》書中均有介紹，習者可參閱。

【例3】左拳擊臉批右肘

　　雙方對峙準備格鬥（圖4-167）。

　　乙方上步用右沖拳向甲方中路攻擊。甲方即以右攤手攤住乙方打來的拳（圖4-168）。

　　再突然變擒拿手下按乙方右拳，左拳打向乙方的臉部（圖4-169）。

當左沖拳打在乙方臉部時，左手突然下抓按乙方的右橋手，身體左轉，以右肘橫批攻擊乙方的臉部（圖4-170）。

圖 4-170

【例4】左右橫批打喉臉

雙方對峙準備格鬥（圖4-171）。

圖 4-171

乙方突然以雙手緊抱甲方的腰部。甲方立即以右肘橫批攻擊乙方喉頸部（圖4-172）。

圖 4-172

左肘隨腰轉右批橫肘攻擊乙方的臉或鼻子（圖4-173）。

圖 4-173

左右橫批肘可以連續使用，成連環攻擊勢。橫批肘既可以從敵方的正面進攻，也可以從敵方的側門進攻，如從敵人的側門進攻，效果更好。

圖 4-174

【例 5】拍擊直打橫肘

雙方對峙準備格鬥（圖4-174）。

乙方上右步以右直拳向甲方進攻。甲方立即上左步以左橫拍掌拍擊乙方來拳的關節位，並同時打出右直拳（圖4-175）。

圖 4-175

當右拳擊中乙方臉部時，右手突然向下按住乙方右手肘關節，以左橫肘攻擊乙方的脖子（圖4－176）。

圖4-176

【例6】拍頸打肘解腳困

雙方對峙準備格鬥（圖4-177）。

圖4-177

甲方以右蹬腳攻擊乙方的中路，乙方攔截接住甲方的腳。甲方立即以左手去抓乙方左手，右手同時去扣乙方脖子（圖4－178）。

圖4-178

圖 4-179

左肘以橫掃肘打乙方頭部，此時被抱的腳便可以解脫（圖4-179）。

圖 4-180

【例7】卡脖批肘化笈肘

雙方對峙準備格鬥（圖4-180）。

圖 4-181

甲方上右步用右拳直擊乙方的上路。乙方即以右攤手攤住甲方右胳膊的二桐位，左橋手去卡甲方脖子（圖4-181）。

甲方及時以左肘橫掃
乙方左橋手（圖4-182）。

圖 4-182

被乙方控制的右手突
然轉攤拉手，然後左肘自
上而下直打在乙方的胸部
（圖4-183）。

圖 4-183

【例8】攤手直標化
批肘（綜合手法）
雙方對峙準備格鬥
（圖4-184）。

圖 4-184

圖4-185

甲方上馬用右拳向乙方進攻。乙方及時出右攤掌把甲方打來的右沖拳攤住（圖4-185）。

圖4-186

然後右攤掌立即變擒拿手扣住甲方打來的右沖拳用力下拉，左護手化直拳猛打甲方的臉部（圖4-186）。

圖4-187

在得手後，左沖拳即變伏手自上而下壓著甲方的右臂，右手迅速化標指手插向甲方眼部，形成第二次打擊（圖4-187）。

若甲方以左手防打，乙方及時以左手按甲方左掌，再發右標指手；右標手攻擊得手後又變批肘，以右肘橫批向甲方頸部猛擊（長橋手化短橋手），形成第三次打擊（圖4-188）。

圖4-188

八、橫拍打（掌）系列

橫拍掌圈內人稱之為內外簾手，即搶內外簾進攻之意。有些人因為身材瘦小，搶內簾不太容易，故只好搶外簾（也稱走側門），使出橫拍的攻擊。這就要求習者要靈活運用，如果面對比自己身材高大和健壯的對手，還硬要去搶內簾，則一定會吃虧。

圖4-189

【例1】外簾橫拍掌
直拳

　　雙方對峙準備格鬥
（圖4-189）。

　　乙方以右沖拳向甲方
上路進攻。甲方擺步向乙
方右側移一步；同時，用
左拍手拍乙方右沖拳外簾
橋上，然後下按，身體右
轉出，以右直拳猛擊乙方
胸部或臉（圖4-190）。

圖4-190

圖4-191

【例2】內簾橫拍打
直拳

　　雙方對峙準備格鬥
（圖4-191）。

乙方用左沖拳向甲方中路進攻。甲方即以左拍掌拍打乙方左拳的內簾，突然下按，並以右沖拳直打乙方胸部（圖4-192）。

圖 4-192

乙方護於胸前的右手及時攤住甲方的右沖拳（圖4-193）。

圖 4-193

甲方在右沖拳受阻後突然下拉成「一伏二」勢；同時，以左拍掌或肘攻擊乙方的臉部（圖4-194）。

圖 4-194

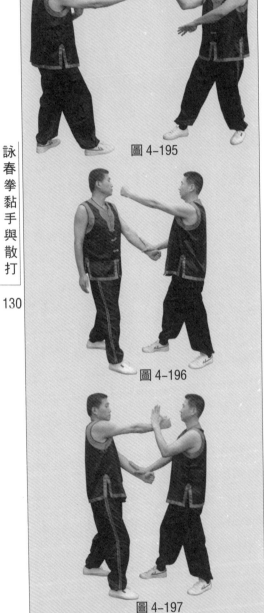

図 4-195

図 4-196

図 4-197

【例3】橫拍掌與子午拳

雙方對峙準備格鬥（圖4-195）。

甲方用左拳向乙方中路進攻。乙方立即以右手拍接甲方右拳並及時下按；同時，左拳迅速猛打甲方臉部（圖4-196）。

這時，甲方又出右拳攻擊乙方中路。乙方左沖拳及時變拍掌，拍按甲方右手二桐位鎖住甲方的腕部（圖4-197）。

右手立即用直拳猛打
甲方的臉部（圖4-198）。

圖 4-198

【例4】拍掌弓箭防
射拳
　　雙方對峙準備格鬥
（圖4-199）。

圖 4-199

　　乙方用右直拳向甲方
上路進攻。甲方即向左移
步以左橫拍掌攔截，並用
右直拳打乙方臉部（圖4-
200）。

圖 4-200

圖 4-201

隨即變爪手下抓乙方的右沖拳，接著再出左直拳攻擊乙方臉部（圖4-201）。

圖 4-202

為防乙方左拳反擊，甲方左手即化彎弓射箭手封乙方的雙肩或側門，右箭拳打在乙方的腹部或肋部（圖4-202）。

圖 4-203

【例5】橫拍攤手防直打

雙方對峙準備格鬥（圖4-203）。

乙方用右直拳向甲方中上路攻擊。甲方突然左移，跳向乙方右外側門；同時，以左拍掌從左向右橫拍乙方的右拳（圖4-204）。

右攤手攤在乙方胳膊的橋面後轉拉手，左手化掌或拳攻擊乙方的下頜（圖4-205）。

【例6】左右拍掌右直拳

雙方對峙準備格鬥（圖4-206）。

圖 4-204

圖 4-205

圖 4-206

圖4-207

乙方用右直拳向甲方上路進攻。甲方即以大鉗陽馬迎接，並以右橫拍掌打在乙方胳膊的二桐位，變其拳勢（圖4-207）。

圖4-208

乙方又以左直拳攻擊甲方。甲方再坐身腰為左大鉗陽馬勢；同時，出左橫掌拍擊乙方左胳膊的二桐位（圖4-208）。

圖4-209

這時甲方左橫掌突然下伏；同時，出右拳猛打乙方臉部或腮部（圖4-209）。

【例 7】橫拍殺掌加勾拳

雙方對峙準備格鬥（圖4–210）。

圖 4–210

乙方以右直拳向甲方上路進攻。甲方即以左橫拍掌拍向乙方來拳的關節位；同時，右護手按乙方右拳的腕關節位（圖4–211）。

圖 4–211

然後突然變抓手；左掌變殺掌猛擊乙方脖子（圖4–212）。

圖 4–212

隨即下沉抓伏乙方的右手往下按；右手騰出以勾拳猛打在乙方胸部（圖4-213）。

九、掌打系列

掌法為詠春拳六大手形之一，是以寸勁擊敵的內家手法。如內簾的穿心掌，是詠春三大掌法之一，攻擊力甚強，如拳訣曰：「有形接形，無形打中」、「裏簾必爭，直搗黃龍」。

又如破排掌，為詠春三大掌法之二，是守中和搶中的攻防掌法。此掌常用於連消帶打中，可以雙掌齊發，配合其他手法做攻防的補漏。

雙飛掌為詠春三大掌法之三，為秘傳掌法。其掌法凌厲，除非不用，逢用必中，是祖師「找錢華」（陳華順）看門掌法之一。

圖 4-213

拳經有：「破勁敵，全憑雙飛掌。」當然，詠春拳在搏擊中還有托掌、弓背掌、印掌（即橫掌）等，但是這三掌均出手突然，連消帶打，用於防守，可化對手千鈞，攻擊時乃借力打力，其殺傷力能逼對手處於屢戰屢敗的境地。

【例 1】伏打外簾破排掌

雙方對峙準備格鬥（圖4-214）。

甲方以右直拳進攻乙方。乙方即以右手伏住甲方右拳的內簾（此時乙方的左護手一定要護在右肩旁）（圖4-215）。

然後右內簾伏手化圈手從內簾圈到外簾，再配合左掌同時打向甲方肩膀（圖4-216）。

圖 4-214

圖 4-215

圖 4-216

圖 4-217

【例 2】攤打蝴蝶雙飛掌

雙方對峙準備格鬥（圖4-217）。

圖 4-218

甲方用右直拳向乙方進攻。乙方即以左閃側勢，用右攤手攤截甲方來拳的外簾（圖4-218）。

圖 4-219

同時，左護手拍打甲方右沖拳的肩肘部，右攤手變掌向下猛打甲方的右肘部（圖4-219）。

【例 3】鞭拳橫打靠
托掌

　　雙方對峙準備格鬥
（圖4-220）。

圖 4-220

　　甲方用右直拳沖打乙
方中路。乙方身體向左側
閃一步；同時，以右攤手
攤截甲方的右直拳（圖
4-221）。

圖 4-221

　　左護手突然從下向上
托起甲方的右胳膊，右攤
手變鞭拳橫打在甲方的右
肋上（圖4-222）。

圖 4-222

圖 4-223

圖 4-224

圖 4-225

【例 4】攤打下頦破排掌

雙方對峙準備格鬥（圖4-223）。

甲方用右沖拳向乙方進攻。乙方立即向左方閃側一步，用右手攤在甲方來拳外簾的二桐位上（圖4-224）。

左護掌突然對甲方右胳膊的關節位猛打，然後騰出右手變托掌向上猛打甲方的下頦（圖4-225）。

【例5】相纏鎖手弓
背掌

　　雙方對峙成雙黏手勢
（圖4-226）。

圖 4-226

　　乙方突然雙手內鎖成
雙弓背掌，以左手鎖住甲
方雙手（圖4-227）。

圖 4-227

　　騰出右拳以弓背掌打
在甲方的臉上或喉部（圖
4-228）。

圖 4-228

圖4-229

【例6】左伏防打右
印掌（豎掌）

雙方對峙準備格鬥
（圖4-229）。

圖4-230

甲方以右直拳向乙方
中路進攻。乙方即以左伏
手接甲方的進攻，右推掌
猛打甲方的臉部（圖4-
230）。

圖4-231

【例7】右割封、左
弓背掌（偷彈手）

雙方對峙準備格鬥
（圖4-231）。

甲方以右直拳打乙方中路。乙方即以右割手割住甲方的來拳同時下壓，左弓背掌直打甲方的喉部（圖4-232）。

十、割手（伏手）系列

割手為詠春拳常用手法之一。它利用腕部的靈活性去消解對方攻擊，再從不同方位以橫破直或直破橫等手法向對方進攻。由於先發制人，因而一招得勢，招招追打，是典型的連消帶打手法。

【例1】攤化擒手助撐掌

雙方對峙準備格鬥（圖4-233）。

甲方以右直拳向乙方中路進攻。乙方立即向左方閃側一步，以右攤手攤住甲方來拳的二桐位（圖4-234）。

圖 4-232

圖 4-233

圖 4-234

圖 4-235

上步逼向甲方，右攤手化反割手割住甲方的右胳膊，同時左撐掌猛擊甲方臉部（圖4-235）。

圖 4-236

【例２】攤手防化豎掌打（綜合手法訓練）

雙方對峙準備格鬥（圖4-236）。

圖 4-237

乙方以右直拳向甲方上路攻擊。甲方即以左攤手從內簾攤截乙方右拳（圖4-237）。

右拍手突然向左方橫拍，擋住乙方右胳膊的二桐位（圖4-238）。

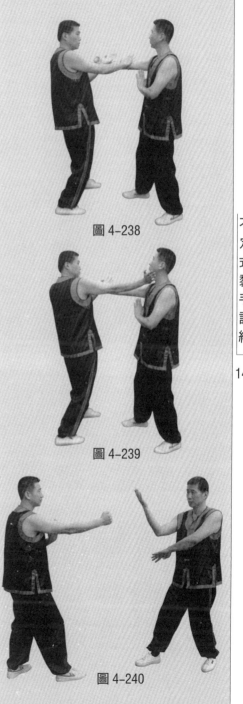

圖4-238

左攤手變拉手拉住乙方右直拳，右橫拍掌立即變豎掌打在乙方的下頜（圖4-239）。

圖4-239

【例3】連消帶打化托掌

雙方對峙準備格鬥（圖4-240）。

圖4-240

甲方以右直拳向乙方進攻，被乙方用右手從外簾攔住後即轉伏手（圖4-241）。

圖 4-241

乙方攤手即變下伏手將甲方右手下拉（圖4-242）。

圖 4-242

隨即右手又突然上托，猛擊甲方的下頜（圖4-243）。

圖 4-243

【例４】搶內簾打雙
飛掌

　　雙方對峙準備格鬥
（圖4-244）。

圖 4-244

　　乙方以右直拳向甲方
中路進攻。甲方立即用左
伏手按住乙方來拳的外簾
（圖4-245）。

圖 4-245

　　乙方又用左直拳向甲
方進攻。甲方再以右攤手
搶內簾攤住乙方的左拳
（圖4-246）。

圖 4-246

圖4-247

圖4-248

圖4-249

左伏化攔橋手封乙方的雙肩（圖4-247）。

然後再以雙掌（即左掌轉下，右掌打上）猛擊乙方的胸部（圖4-248）。

【例5】搶外簾打雙飛掌

雙方對峙準備格鬥（圖4-249）。

乙方突然上馬出左沖直拳向甲方上路進攻。甲方立即以左膀手搶內簾膀住乙方左拳（圖4-250）。

圖 4-250

右移一步，左膀手轉左攤手攤住乙方的左沖拳（圖4-251）。

圖 4-251

甲方逼步，左攤手變上掌，右手變下掌，從外簾出雙飛手，猛打乙方的左側肩膊和肋部（圖4-252）。

圖 4-252

圖4-253

圖4-254

圖4-255

【例6】搶外簾打雙飛掌

雙方對峙準備格鬥（圖4-253）。

乙方上步以右直拳向甲方上路進攻。甲方即以右膀手接招（搶內簾）（圖4-254）。

然後沉肘化攤手（搶得外簾），用二桐橋手壓攤住乙方的右沖拳（圖4-255）。

同時，左護手化掌打在乙方腮部或肩部，右攤手猛擊乙方的喉部（圖4-256）。

圖 4-256

【例7】先殺掌再打左拳

雙方對峙準備格鬥（圖4-257）。

圖 4-257

乙方用右直拳向甲方中路進攻。甲方即以左膀手接招（圖4-258）。

圖 4-258

化掛拳猛擊乙方後再
轉下拉手；身體同時右
轉，以右手殺掌猛砍乙方
臉部（圖 4–259、圖 4–
260）。

圖 4-259

圖 4-260

手肘可及時頂乙方的
右肩，並出左直拳猛打乙
方臉部（圖4-261）。

圖 4-261

【例8】右拍掌化右橫掌

雙方對峙準備格鬥（圖4-262）。

圖4-262

乙方突然起高腳攻擊甲方的胸部。甲方即以右拍掌下攔乙方的來腳（圖4-263）。

圖4-263

突然上左馬逼住乙方右側門，左手按住乙方右手（或托起）（圖4-264）。

圖4-264

圖4-265

圖4-266

圖4-267

右橫掌猛擊乙方的肋部（圖4-265）。

十一、擒拿摔打系列

詠春拳是集短打、中打、長打、擒拿和摔打於一身的正宗少林功夫。擒拿手是詠春門十二大絕技手法之一，它以技巧勝敵，以巧勁制敵。詠春拳的擒拿摔打法很實用，也很特別，常常制服對手於瞬間。

【例1】外簾手化反關節

雙方對峙準備格鬥（圖4-266）。

乙方以右插拳向甲方中路進攻。甲方以右攤手變抓手抓住乙方右拳手腕，同時沖出左日字拳還擊乙方（圖4-267）。

乙方左護手封住甲方的來拳。甲方左手立即轉拉手拉住乙方的左護手，右手馬上收回並去托乙方的左關節（圖4-268）。

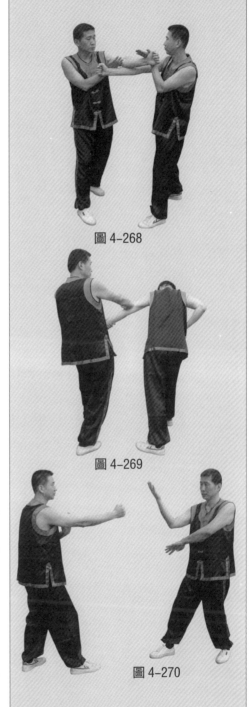

圖4-268

雙手同時發勁，使乙方的左胳膊關節反轉而束手就擒（圖4-269）。

圖4-269

【例2】攤手扣頸化摔打

雙方對峙準備格鬥（圖4-270）。

圖4-270

圖 4-271

圖 4-272

圖 4-273

乙方上步用右沖拳擊打甲方上路。甲方迅速上左步以右攤手攤截乙方右拳的外簾（圖4-271）。

突然，上右步逼住乙方右腳後跟；同時，左手按住乙方右手關節位，右手扣住乙方的脖子，同時發勁將乙方摔個四腳朝天（圖4-272）。

【例3】攤手封手變後摔

雙方對峙準備格鬥（圖4-273）。

乙方以右直拳向甲方
中路攻擊。甲方即以右攤
手攔截乙方的右拳（圖4-
274）。

圖 4-274

突然下拉；同時，以
左拳猛打乙方臉部，左拳
打完下按，跟著又打出右
沖拳（圖4-275）。

圖 4-275

此時乙方左護手防住
甲方的左沖拳。甲方左沖
拳變為擒拿手，使勁一
拉，迫使乙方雙手交叉被
按，甲方腳及時抵在乙方
腳後（絆住乙方後腳）；
同時，使出破排掌雙推，
使乙方向後摔倒（圖4-
276）。

圖 4-276

圖 4-277

圖 4-278

圖 4-279

【例4】攤手拉手助環抱掌

雙方對峙準備格鬥（圖4-277）。

甲方以左直拳向乙方中路進攻。乙方即向甲方左閃側一步，以左攤手封接來拳（圖4-278）。

突然變拉手，將甲方打來的左沖拳上拉；同時，上右馬逼住甲方，右手以環抱掌將甲方抱起摔倒（圖4-279）。

【例5】攤手圈手化
摔打

雙方對峙準備格鬥
（圖4-280）。

圖4-280

甲方以右直拳向乙方
進攻。乙方正面迎上以右
伏手搶內簾，左手按住甲
方二桐位（圖4-281）。

圖4-281

內簾伏手化圈手，在
甲方打來右拳的橋面上從
內簾圈出外簾；同時，雙
破排掌已打在甲方的肩、
肋部，將甲方打倒在地
（圖4-282）。

圖4-282

圖4-283

圖4-284

圖4-285

【例6】膀手化腳掃掌摔

雙方對峙準備格鬥（圖4-283）。

乙方用右直拳向甲方上路攻擊。甲方立即以左膀手招架（圖4-284）。

右護手抓乙方右手腕部，左膀手變掛拳猛打乙方的臉部（圖4-285）。

隨後左掛拳變掌砍向乙方的頸部（或胸部）；而左腳同時內掃，將乙方絆倒在地（圖4-286）。

圖4-286

十二、腳法系列

腳法在詠春拳的實戰搏擊中非常厲害，它不起腳則已，一起腳便可置對手於死地。詠春門前輩深知其厲害，故傳授往往是擇徒而教。

腳法有進攻型和防守型，防守型是消解對方腿的攻擊，進攻型是在攻防中重擊對方腳部薄弱環節。詠春拳起腳的要領與其他門派有所不同。如前蹬腿是詠春拳的前鋒腳之一，它的訓練要求很嚴，蹬腳時不高不低，剛好蹬在對手膝關節或身體的要害之處。如果詠春拳的腳法配合雙手出擊，給對手的打擊就更大。

圖 4-287

【例1】耕攔封橫掃
腳打（反擊）

雙方對峙準備格鬥
（圖4-287）。

圖 4-288

乙方起右腳攻擊甲方
胸或肋部。甲方即以左攔
右耕封住乙方的右掃腳；
同時，以右蹬腳或踩腳猛
踢乙方左腳的關節位（圖
4-288）。

圖 4-289

【例2】以腳還腳打
臉拳

雙方對峙準備格鬥
（圖4-289）。

乙方起右腳踢打甲方的下路。甲方立即起右腳向內蹬，截擊乙方來腳的上下七寸部位（圖4－290）。

圖4-290

沖打出右直拳或右橫掌，猛打乙方的臉部（圖4-291）。

圖4-291

【例3】左截右擊直蹬腳

雙方對峙準備格鬥（圖4-292）。

圖4-292

圖 4-293

圖 4-294

圖 4-295

乙方上右腳起前鋒腳，並以右沖拳向甲方攻擊。甲方即以左手攔截乙方的右直拳，並出右直拳打向乙方臉部；同時，起右腳直蹬攻擊乙方的右肋部（或腳關節處）（圖4-293）。

【例4】伏手防打側撐腿

雙方對峙準備格鬥（圖4-294）。

乙方上右馬以右直拳向甲方進攻。甲方右閃側上馬，並以右伏虎穿手接乙方右拳，隨即變拉手；踢出右腳打在乙方的右肋部（圖4-295）。

【例 5】膀手掛拳加側踩

雙方對峙準備格鬥（圖4-296）。

圖 4-296

甲方以側踩腳向乙方的腳部攻擊。乙方即用左低膀手防守，膀攔截甲方打來的右腳（圖4-297）。

圖 4-297

膀觸甲方腳後，即由下而上旋轉，向上托起甲方右腳；然後用右手掛拳打向甲方上路，左腳側踩甲方左後腳（圖4-298）。

圖 4-298

圖 4-299

【例6】攤上打下直
撐腳

雙方對峙準備格鬥
（圖4-299）。

圖 4-300

甲方上馬出右拳向乙
方進攻。乙方向左閃側一
步，用右攤手攤截甲方右
拳（圖4-300）。

圖 4-301

隨即攤手變擒拿手扣
住甲方手腕，左護手也緊
扣甲方的右關節位，乘勢
把甲方向前拉，在甲方重
心前傾的瞬間，乙方的左
直撐腳猛蹬向甲方（圖4-
301）。

【例7】攔手橫斬左踩腳

雙方對峙準備格鬥（圖4-302）。

圖4-302

乙方用右沖拳向甲進攻。甲方即上步出左拍掌攔截乙方的攻擊手（圖4-303）。

圖4-303

起左蹬腳蹬向甲方的腹部。甲方馬上以右攔手攔截，將乙方來腳攔出外簾；及時出右踩腳，踩在乙方右腳上（圖4-304）。

圖4-304

圖 4-305

圖 4-306

圖 4-307

【例 8】穿掌扣頸撩殺腿

雙方對峙準備格鬥（圖4-305）。

甲方以右拳向乙方中路進攻。乙方即以右穿橋手攔在甲方來拳的外簾（圖4-306）。

右穿手轉拉手，左護手變穿掌去扣甲方的脖子，然後雙手同時發力下拉，並起右腳上踢甲方腹部（圖4-307）。

【例9】下踩腳與上
掛拳

　　雙方對峙準備格鬥
（圖4-308）。

圖 4-308

　　甲方右腳踢向乙方。
乙方立即以左側撐腿攔
截，使甲方的攻擊落空
（圖4-309）。

圖 4-309

　　左手按甲方的右先鋒
手，右手以掛拳或直拳猛
擊甲方臉部（圖4-310）。

圖 4-310

【例10】踢打結合左
踩腿

雙方對峙準備格鬥
（圖4-311）。

圖4-311

甲方同時以左沖拳和
右直撐腿攻擊乙方。乙方
立即以右攤手和右踩腳迎
接甲方（圖4-312）。

圖4-312

當右腳落地時，打出
左日字拳，猛擊甲方臉部
（圖4-313）。

圖4-313

【例11】防上打下直
撐腳

雙方對峙準備格鬥
（圖4-314）。

圖4-314

甲方用右手上標指攻
擊乙方的上路。乙方立即
向甲方右側門走一步，以
右標指手攔截甲方的右標
指手（圖4-315）。

圖4-315

黏住甲方的標指手時
突然下抓；同時，出右撐
腳踢甲方的腹部（圖4-
316）。

圖4-316

圖4-317

圖4-318

圖4-319

【例12】膀手攔截右蹬腿

雙方對峙準備格鬥（圖4-317）。

甲方以右馬為前鋒腳，出右直拳攻擊乙方的上路。乙方立即以右膀手接住來拳；同時，出右蹬腳踢甲方的膝蓋關節位（圖4-318）。

【例13】左耕右攔側踩腳

雙方對峙準備格鬥（圖4-319）。

甲方上右步用右直拳打乙方中路。乙方左耕右攔，身向左閃側走甲方側門；同時，出右側踩腳踢甲方右腳彎位（圖4-320）。

圖 4-320

【例14】膀手殺掌右殺腳

雙方對峙準備格鬥（圖4-321）。

圖 4-321

甲方上右步為先鋒腳，用右直拳向乙方攻擊。乙方立即以右高膀手擋住甲方右沖拳（圖4-322）。

圖 4-322

圖4-323

然後即轉下拉手，左手以殺掌封甲方的上路；同時，出右腳踢甲方的膝關節位（圖4-323）。

圖4-324

【例15】攤拉手防寸腳攻

雙方對峙準備格鬥（圖4-324）。

圖4-325

甲方以左腳為先鋒腳，並以右沖拳向乙方進攻。乙方即以右攤手攤住來拳（或膀接來拳），突然轉拉手；同時，起右撐腳（或踩腳）踢打甲方的腹部（圖4-325）。

【例16】拍手連消帶腳打

雙方對峙準備格鬥（圖4-326）。

圖4-326

甲方上步用右沖拳打乙方上路。乙方即以左拍掌拍甲方來拳的肘底部位（或腕關節），右護手守在左肩膀（或膀起）；同時，右腳踢打甲方右腳關節位（圖4-327）。

圖4-327

【例17】上扣脖下打膝腳

雙方對峙準備格鬥（圖4-328）。

圖4-328

圖 4-329

乙方用左直拳向甲方上路攻擊。甲方即以右攤手攤截來拳（圖4-329）。

圖 4-330

乙方隨即又以右直拳打甲方。甲方即以左護手轉拉手，右劈手同時劈乙方脖子（圖4-330）。

圖 4-331

然後扣住乙方的脖子下按；起右腳以膝蓋頂撞乙方的臉部（圖4-331）。

隨即下踩乙方膝蓋關節位（圖4-332）。

圖4-332

【例18】單膀掛拳左踩腿

雙方對峙準備格鬥（圖4-333）。

圖4-333

乙方以右腳為前鋒腳，用右直拳向甲方上路攻擊。甲方即以右膀手攔截（圖4-334）。

圖4-334

圖 4-335

突然向左側移步，上身轉右，右手緊扣乙方右手腕，左拳由下而上地打擊乙方右拳關節位（圖4-335）。

圖 4-336

左腳猛踩乙方右腿膝關節，逼乙方下蹲（圖4-336）。

圖 4-337

【例19】攤膀中左蹬右踩

雙方對峙準備格鬥（圖4-337）。

乙方用左直拳向甲方
上路攻擊。甲方即以右攤
手接乙方的插拳（圖4–
338）。

圖4-338

隨即變高托掌托乙方
下巴，同時左護手伏著乙
方的右手；左腳直蹬乙方
腹部或腳關節（圖4–
339）。

圖4-339

乙方隨即又以右直拳
向甲方攻擊。甲方又以左
膀手接招；同時，右腳下
踩乙方右前鋒腳（圖4–
340）。

圖4-340

【例20】左右橫拍右蹬腳

雙方對峙準備格鬥（圖4-341）。

圖4-341

乙方以左直拳向甲方正面攻擊。甲方立即以右拍掌拍打乙方來拳（圖4-342）。

圖4-342

乙方又以右直拳向甲方上路進攻。甲方立即坐左大鉗陽馬，以左橫掌拍乙方的右拳（圖4-343）。

圖4-343

右護手及時上托乙方
的右直拳（或托乙方的下
巴）；隨即踢出右蹬腳，
蹬在乙方右前鋒腳膝關節
位（圖4-344）。

圖4-344

【例21】攤膀內踩扣
頸手

雙方對峙準備格鬥
（圖4-345）。

圖4-345

乙方上右馬以右沖拳
向甲方進攻。甲方即以右
攤手攔截乙方右拳（圖4-
346）。

圖4-346

圖 4-347

圖 4-348

圖 4-349

　　隨即右攤手變高膀手，身體閃在乙方的右側（圖4-347）。

　　右膀手突變拉手抓住乙方右手腕，左手同時搭住乙方胳膊的二桐位，在雙手同時下拉的瞬間踩出內踩腳（即腳尖向外）（圖4-348）。

　　隨即騰出左手勾住乙方的脖子，使乙方向前跌倒（圖4-349）。

十三、內外簾防守系列

這裏主要介紹內、外簾防守的「四門」攻防法。雖然拳訣中有「裏簾必爭」，但在實戰搏擊中也可根據實際情況暫時放棄內簾而去搶外簾，先以外簾防攻，再轉入內簾搶打。

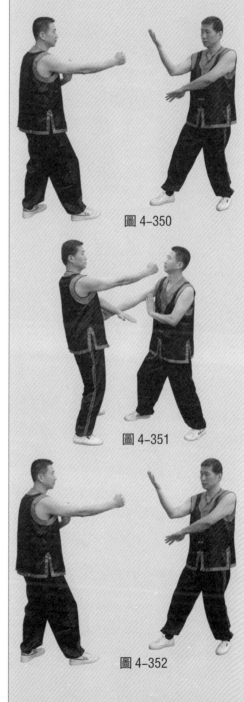

圖4-350

【例1】低內簾防守法及攻擊

雙方對峙準備格鬥（圖4-350）。

乙方以右低插拳向甲方中下路攻擊。甲方以左手直掌回擊，消其來拳的鋒芒；同時，打出右拳，攻擊乙方臉部（圖4-351）。

圖4-351

【例2】低外簾防守法

雙方對峙準備格鬥（圖4-352）。

圖4-352

圖 4-353

甲方突然起右腳前踢乙方中下路。乙方逼步向前，以右攔橋手橫打（由內向外）甲方的右腳（圖4-353）。

圖 4-354

隨即進步以左橫擋手化弓箭手封甲方上路，右直拳直打甲方的臉部（圖4-354）。

圖 4-355

【例3】高外簾防守法

雙方對峙準備格鬥（圖4-355）。

甲方用右沖拳打乙方中路。乙方即以左伏手伏住甲方右拳；同時，出右直拳打甲方的上路（圖4-356）。

圖 4-356

甲方立即坐馬，以左耕手封乙方的右沖拳（圖4-357）。

圖 4-357

乙方右沖拳被擋後，即轉為攤手；同時，用左直拳搶中，搶在甲方右拳未出之前打在甲方的臉部（圖4-358）。

圖 4-358

圖 4-359

【例 4】高中門防守法及反擊法

雙方對峙準備格鬥（圖4-359）。

圖 4-360

甲方以右沖拳向乙方左側的中下路進攻。乙方即用右膀手膀住來拳，在上頂的同時，右穿心腳猛踢甲方的腹部（圖4-360）。

圖 4-361

【例 5】高內簾防守法及反擊法

雙方對峙準備格鬥（圖4-361）。

乙方上左步，以右手直標甲方左側中下路。甲方即以右耕手在內簾攔截（圖4-362）。

圖 4-362

乙方右腳迅速上步，左手從內簾去穿甲方前鋒手；同時，出右拳和撐腳打在甲方的身上（圖4-363）。

圖 4-363

【例6】高內簾防守法及攻擊

雙方對峙準備格鬥（圖4-364）。

圖 4-364

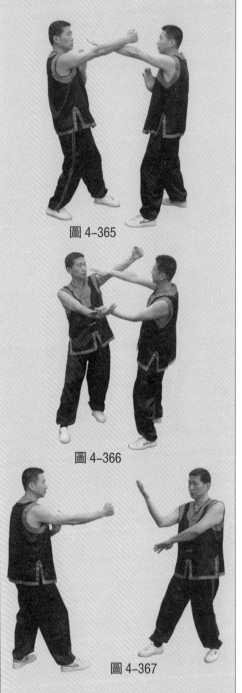

圖 4-365

圖 4-366

圖 4-367

甲方以右直拳向乙方臉部進攻。乙方即以左標指手搶內簾防守（乙方的右護手一定要護在肩旁）（圖4-365）。

甲方以右伏手轉腰打出左沖拳。乙方立即以左手攤甲方右手，右手搶內簾直標攻擊甲方臉部（圖4-366）。

【例7】高內簾防守法及反擊法

雙方對峙準備格鬥（圖4-367）。

甲方以右沖拳攻擊乙方上路。乙方即以左攤手攤截甲方的沖拳；同時，坐大鉗陽馬，扯右偏身拳打甲方臉部（圖4-368）。

圖4-368

【例8】高內外簾防守法及攻法

雙方對峙準備格鬥（圖4-369）。

圖4-369

甲方以右直拳向乙方進攻。乙方即以左內簾攤手攔截。甲方再以左沖拳向乙方攻擊。乙方又以右內簾攤手搶內簾，形成雙手都守在內簾的雙黏手勢（圖4-370）。下步由練習者自己去化拆。

圖4-370

圖4-371

圖4-372

圖4-373

【例9】高外簾擋法

雙方對峙準備格鬥（圖4-371）。

甲方以右插拳向乙方中高路攻擊。乙方立即向左閃側一步，以右攔橋手將甲方的沖拳攔出外簾（圖4-372）。

左手速拍甲方右臂，右手騰出以射箭手攻擊甲方的胸部（或肋部、下頜）（圖4-373）。

【例10】低外簾防守
法及反擊法

雙方對峙準備格鬥
（圖4-374）。

圖4-374

乙方突然出右腳向前
逼住甲方前鋒馬，以右標
指向甲方肋（或腹部）標
去。甲方立即以右攔手攔
截乙方的右標指手（圖4-
375）。

圖4-375

乙方左按手按甲方右
肘部，騰出右標指手變低
插拳攻擊甲方的腰部（圖
4-376）。

圖4-376

圖 4-377

【例11】高外簾防守法及攻法

雙方對峙準備格鬥（圖4-377）。

圖 4-378

甲方以右直拳向乙方上路攻擊。乙方立即向左方閃側一步，右手攤住甲方右拳外簾；同時，出左直拳打甲方臉部（圖4-378）。

圖 4-379

【例12】高外簾防守法及反擊法

雙方對峙準備格鬥（圖4-379）。

甲方以右沖拳向乙方上路進攻。乙方即向左閃側一步，右攤手攤截甲方右拳外簾，左標指手打甲方臉部（圖4-380）。

圖 4-380

十四、多種手法系列

詠春拳的宗旨是以柔制剛，以巧取勝，習詠春拳者絕不會同對手進行硬拼，而是以中線的攻防，配合巧勁取勝，一招得手，便招招緊逼相隨，正所謂「一化三、三化六、三化連環扣」。搏擊中制勝的因素很多，關鍵在參戰者的綜合素質，只有平時苦練，熟習各種招式，才能在實戰中隨機應變。下面介紹一些綜合手法。

圖4-381

【例1】攤手轉拉手，起腳打下掛拳打上

雙方對峙準備格鬥（圖4-381）。

圖4-382

甲方用右直拳向乙方中路攻擊。乙方立即向甲方右閃側一步，以右攤手攤截甲方右拳外簾（圖4-382）。

圖4-383

右攤手突然轉拉手拉甲方，使其身體前傾；同時，起釘腳踢甲方的膝關節（圖4-383）。

左手隨即扣住甲方脖子，右拉手變掛拳，猛打甲方臉部（圖4-384）。

圖 4-384

【例2】攤手直標化伏手化直沖拳

雙方對峙準備格鬥（圖4-385）。

圖 4-385

甲方用左直拳向乙方中路攻擊。乙方以右攤手搶內簾攤截（圖4-386）。

圖 4-386

圖4-387

隨即變反標指手直插甲方臉部。此時甲方左手即轉下伏手，伏住乙方的右標指手（圖4-387）。

圖4-388

乙方的左護手及時拍按甲方的左伏手，騰出右手用右直拳猛打甲方臉部，也可接著打左沖拳連續進攻（圖4-388）。

【例3】攤手按手化一手伏二手，掛拳打臉

雙方對峙準備格鬥（圖4-389）。

圖4-389

甲方用右直拳向乙方
上路攻擊。乙方迎上以左
攤手攤截甲方右拳內簾；
同時，右直拳還擊甲方上
路。甲方以右攤手攤截乙
方的右拳（圖4-390）。

圖 4-390

右手將乙方的右直拳
按下的同時，變直拳攻擊
乙方上路（圖4-391）。

圖 4-391

乙方右手圈攤而上，
抓住甲方來拳手腕下拉
（造成甲方右手壓在左手
上），左拳變掛拳打在甲
方的臉部（圖4-392）。

圖 4-392

圖 4-393

圖 4-394

圖 4-395

【例 4】耕手轉下伏
手化直標手轉直沖拳

雙方對峙準備格鬥
（圖4-393）。

乙方用右直拳向甲方
上路攻擊。甲方立即以左
耕手攔截（圖4-394）。

隨即轉伏手消解乙方
右直拳，又突然變為上標
指手，直標乙方臉部（圖
4-395）。

乙方同時以左拳還擊。甲方左標指即以擺指抓乙方左腕部下按，右手以直拳猛打乙方臉部（圖4-396）。

圖 4-396

【例5】攔手防、劈掌打、扣腕變劈掌

雙方對峙準備格鬥（圖4-397）。

圖 4-397

乙方用左高拳向甲方上路進攻。甲方立即以高右攔手接招（圖4-398）。

圖 4-398

圖 4-399

隨即以劈掌向下直標打乙方的臉部（圖4-399）。

圖 4-400

乙方以右直沖拳先防帶打攻擊甲方的臉部。甲方右劈掌回扣乙方右手腕並下拉，左手化掌向乙方胳膊關節劈下（圖4-400）。

圖 4-401

【例6】耕攔攤手化分橋直打

雙方對峙準備格鬥（圖4-401）。

乙方以左直拳向甲方
進攻。甲方即以右耕攔手
攔截乙方左拳（圖4－
402）。

圖 4-402

乙方再出右直拳攻擊
甲方。甲方以左攤手接住
乙方右拳，此時，雙手已
黏住對方的雙手，即轉分
對方橋手（圖4-403）。

圖 4-403

擺指穿腕後豎起右
掌，以右直掌擊打乙方臉
部（圖4-404）。

圖 4-404

圖 4-405

【例 7】伏攤伏割擊
橫掌

　　雙方對峙準備格鬥
（圖4-405）。

圖 4-406

　　乙方上步以右直拳向
甲方中路攻擊。甲方以右
伏手伏住乙方來拳的二桐
位（圖4-406）。

圖 4-407

　　乙方又用左直拳向甲
方中路進攻。甲方以右伏
手變右攤手搶內簾，攤住
乙方的左沖拳（圖4-
407）。

乙方再以右直拳向甲方攻擊。甲方的右攤手再變右伏手伏住乙方的右拳（圖4-408）。

右伏手化割手，並同時上左步，出左橫掌打擊乙方的肋部（圖4-409）。

十五、雙黏手系列

詠春拳黏手的對打對拆很接近太極拳的推手。詠春拳黏手是詠春拳習者必修的一課，是通向搏擊散打成功之路。習者只有在不斷的黏手實踐中悟出其巧妙之心法。

【例1】雙黏手中的掌法

雙方呈雙黏手勢（圖4-410）。

圖4-408

圖4-409

圖4-410

圖 4-411

甲方突然將左橋手膀起，右手立即變耕手（圖4-411）。

圖 4-412

打出雙掌，即以左上掌、右下掌直打乙方中門（圖4-412）。

圖 4-413

【例2】偷漏打化右割左托掌

雙方呈雙黏手勢（圖4-413）。

乙方右橋手突然下漏打擊甲方肋部。甲方左手即下沉成閂攔掌封住乙方右掌的進攻（圖4-414）。

圖 4-414

身體突然右轉，右手割住乙方左手不放，左手化掌上托乙方的下頦（圖4-415）。

圖 4-415

【例3】殺頸掌轉打下頦

雙方呈雙黏手勢（圖4-416）。

圖 4-416

圖4-417a

圖4-417b

圖4-418

甲方左手化彎弓射箭手小膀起，再突然攤手（圖4-417a），沉肘搶位，突然以左豎標指掌殺向乙方的脖子（圖4-417b）。

乙方為避免脖子被打，右手以彎弓射箭手將甲方的左掌推出（圖4-418）。

甲方左手化伏下壓乙
方右手，然後突然下帶，
造成「以一伏二」勢，隨
即突然外擺上抓下壓，右
手握拳打向乙方的下頦
（圖4-419）。

圖 4-419

【例4】射箭手防勾
脖打

雙方呈雙黏手勢（圖
4-420）。

圖 4-420

甲方左手起肘以彎弓
射箭手封住乙方雙手；然
後右坐馬，右手以陽掌攻
擊乙方脖子（圖4-421）。

圖 4-421

圖 4-422

急變勾脖並下拉；同時，左上勾拳再擊打乙方下頦（圖4-422）。

圖 4-423

【例 5】切掌扣肘打

雙方呈雙黏手勢（圖4-423）。

圖 4-424

甲方左手起中膀手緊逼乙方，右手化切掌擊打乙方的肋底（圖4-424）。

甲方起左肘打擊乙方的嘴角（圖4-425）。

圖 4-425

【例6】雙黏手中的蹬腿

雙方呈雙黏手勢（圖4-426）。

圖 4-426

乙方突然以左掌打甲方右肩關節位，右手緊扣甲方左橋手腕向里拉，造成甲方身體前傾（圖4-427）。

圖 4-427

圖 4-428

同時，踢出右蹬腿，直蹬甲方的後腳（圖4-428）。

圖 4-429

【例7】勾前腳打後腳

雙方呈雙黏手勢（圖4-429）。

圖 4-430

乙方突然雙手下按，迫使甲方出右腳向前而身體前傾，隨即出左腳前勾（掃）甲方右前鋒腳（圖4-430）。

同時，用力使身體後轉以左勾腳化側踩，踢在甲方左後腳，使甲方失去平衡而跌倒（圖4–431）。

圖 4–431

【例8】雙分橋打直蹬腳

雙方呈雙黏手勢（圖4–432）。

圖 4–432

乙方突然發力分甲方的雙橋手；同時，起右蹬腳直打甲方腹部，也可化陰陽連環鎖子腳攻擊甲方（圖4–433）。

圖 4–433

圖 4-434

圖 4-435

圖 4-436

【例 9】雙黏手中手腳同起

雙方呈雙黏手勢（圖4-434）。

乙方左手化膀手，接近甲方的左手，然後擺指上抓，抓住甲方左手腕回拖，使甲方的右手壓在左手上（謂「一手伏二」手）（圖4-435）。

右手以殺掌殺向甲方脖子；右腳同時側踩在甲方的膝關節上（圖4-436）。

【例10】踩腳打腮

雙方呈雙黏手勢（圖
4-437）。

圖 4-437

乙方左橋手突然轉抓
手下拉甲方右橋手；同
時，踢出踩腳攻擊甲方的
前鋒腳（圖4-438）。

圖 4-438

乙方出右箭拳直打甲
方的腮部（圖4-439）。

圖 4-439

圖4-440

圖4-441

圖4-442

【例11】黏手中的腳來腳化及反擊（之一）

雙方呈雙黏手勢（圖4-440）。

乙方突然起右腳向甲方膝關節攻擊。甲方及時起右腳外勾，以右腿小肚部位勾住乙方的腳（圖4-441）。

然後突然將勾腳彈直，以直踩腳猛踢乙方的膝關節（圖4-442）。

【例12】黏手中的腳來腳化及反擊（之二）

雙方呈雙黏手勢（圖4-443）。

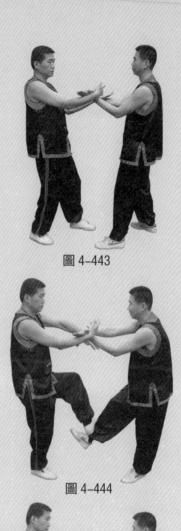

圖 4-443

乙方起右腳向甲方腿部攻擊。甲方及時起左腳攔截，踩向乙方右腳背（圖4-444）。

圖 4-444

然後突然移位猛踩乙方的右膝蓋骨（圖4-445）。

圖 4-445

圖 4-446

圖 4-447

圖 4-448

【例13】黏手中的腳來腳擋與反擊（之三）

雙方呈雙黏手勢（圖4-446）。

甲方突然出右直蹬腿攻擊乙方的關節部位。乙方立即用右踢撩陰腳勾住甲方來腳（圖4-447）。

然後撩陰腳立即變踩蹬腳，直踢甲方左腳關節（圖4-448）。

【例14】雙按掌化標
指手

雙方呈雙黏手勢（圖
4-449）。

圖 4-449

甲方左攤手突然轉伏
手，然後雙手下按乙方雙
手，令對方身體前傾（圖
4-450）。

圖 4-450

緊接將雙按手變雙標
指掌插乙方的上路（圖4-
451）。

圖 4-451

導引養生功

1 疏筋壯骨功＋VCD
定價350元

2 導引保健功＋VCD
定價350元

3 頤身九段錦＋VCD
定價350元

4 九九還童功＋VCD
定價350元

5 舒心平血功＋VCD
定價350元

6 益氣養肺功＋VCD
定價350元

7 養生太極扇＋VCD
定價350元

8 養生太極棒＋VCD
定價350元

9 導引養生形體詩韻＋VCD
定價350元

10 四十九式經絡動功＋VCD
定價350元

張廣德養生著作　每冊定價350元

全系列為彩色圖解附教學光碟

輕鬆學武術

1 二十四式太極拳＋VCD
定價250元

2 四十二式太極拳＋VCD
定價250元

3 八式十六式太極拳＋VCD
定價250元

4 三十二式太極劍＋VCD
定價250元

5 四十二式太極劍＋VCD
定價250元

6 二十八式木蘭拳＋VCD
定價250元

7 三十八式木蘭扇＋VCD
定價250元

8 四十八式太極劍＋VCD
定價250元

彩色圖解太極武術

1 太極功夫扇
定價220元

2 武當太極劍
定價220元

3 楊式太極劍
定價220元

4 楊式太極刀
定價220元

5 二十四式太極拳＋VCD
定價350元

6 三十二式太極劍＋VCD
定價350元

7 四十二式太極劍＋VCD
定價350元

8 四十二式太極拳＋VCD
定價350元

9 楊式十六式太極劍拳
定價350元

10 楊氏二十八式太極拳＋VCD
定價350元

11 楊式太極拳四十式＋VCD
定價350元

12 陳式太極拳五十六式＋VCD
定價350元

13 吳式太極拳五十六式＋VCD
定價350元

14 精簡陳式太極拳八式十六式
定價220元

15 精簡吳式太極拳三十六式 拳架・推手
定價220元

16 夕陽美功夫扇
定價220元

17 綜合四十八式太極拳＋VCD
定價350元

18 三十二式太極拳 四段
定價220元

19 楊氏三十七式太極拳＋VCD
定價350元

20 楊氏五十一式太極劍＋VCD
定價350元

21 嫡傳楊家太極拳精練二十八式
定價220元

22 嫡傳楊家太極劍五十一式
定價220元

23 嫡傳楊家太極刀十三式
定價220元

養生保健 古今養生保健法 強身健體增加身體免疫力

1 醫療養生氣功 醫療養生氣功 定價250元	2 中國氣功圖譜 中國氣功圖譜 定價250元	3 少林醫療氣功精粹 少林醫療氣功精粹 定價250元	4 龍形實用氣功 龍形實用氣功 定價220元	5 魚戲增視強身氣功 魚戲增視強身氣功 定價220元	7 道家玄牝氣功 道家玄牝氣功 定價200元
8 仙家秘傳祛病功 仙家秘傳祛病功 定價160元	9 少林十大健身功 少林十大健身功 定價180元	10 中國自控氣功 中國自控氣功 定價250元	11 醫療防癌氣功 醫療防癌氣功 定價250元	12 醫療強身氣功 醫療強身氣功 定價250元	13 醫療點穴氣功 醫療點穴氣功 定價250元
14 中國八卦如意功 中國八卦如意功 定價180元	15 正宗馬禮堂養氣功 正宗馬禮堂養氣功 定價420元	16 秘傳道家筋經內丹功 秘傳道家筋經內丹功 定價300元	17 三元開慧功 三元開慧功 定價250元	18 防癌治癌新氣功 防癌治癌新氣功 定價180元	19 禪定與佛家氣功修煉 禪定與佛家氣功修煉 定價200元
20 顛倒之術 顛倒之術 定價360元	21 簡明氣功辭典 簡明氣功辭典 定價360元	22 八卦三合功 八卦三合功 定價230元	23 朱砂掌健身養生功 朱砂掌健身養生功 定價250元	24 抗老功 抗老功 定價230元	25 意氣按穴排濁自療法 意氣按穴排濁自療法 定價250元
27 健身祛病小功法 健身祛病小功法 定價200元	28 張氏太極混元功 張氏太極混元功 定價250元	30 中國少林禪密功 中國少林禪密功 定價200元	31 郭林新氣功 郭林新氣功 定價400元	32 八卦之源與健身養生 太極 定價280元	33 現代原始氣功1 現代原始氣功1 定價400元
34 養生開脈太極 開脈太極 定價300元	35 通靈功一養生祛病及入門功法 通靈功一養生祛病及入門功法 定價300元	37 太極內功養生法 太極內功養生法 定價180元	38 無極養生氣功 無極養生氣功 定價200元	39 氣的實踐小周天健康法 小周天健康法 定價200元	40 達摩易筋經 易筋經 定價350元

太極跤

1 太極防身術
定價300元

2 擒拿術
定價280元

3 中國式摔角
定價350元

簡化太極拳

1 陳式太極拳十三式
定價200元

2 楊式太極拳十三式
定價200元

3 吳式太極拳十三式
定價200元

4 武式太極拳十三式
定價200元

5 孫式太極拳十三式
定價200元

6 趙堡太極拳十三式
定價200元

原地太極拳

1 原地綜合太極二十四式
定價220元

2 原地活步太極四十二式
定價200元

3 原地簡化太極拳二十四式
定價200元

4 原地太極拳十二式
定價200元

5 原地青少年太極拳二十二式
定價220元

6 原地兒童太極拳十種十六式
定價180元

健康加油站

1 糖尿病預防與治療

定價200元

2 胃部機能與強健

定價180元

3 不孕症治療

定價200元

4 簡易醫學急救法

定價200元

5 肥胖健康診療

定價200元

6 肝功能健康診療

定價200元

7 高血壓健康診療

定價200元

8 高血糖值健康診療

定價200元

9 尿酸值健康診療

定價200元

10 膽固醇中性脂肪健康診療

定價200元

11 痛風劇痛消除法

定價180元

12 三溫暖健康法

定價180元

13 手・腳病理按摩

定價180元

14 B型肝炎預防與治療

定價180元

15 吃得更漂亮、健康

定價180元

16 茶使您更健康

定價180元

17 圖解常見疾病運動療法

定價180元

18 科學健身改變亞健康

定價180元

19 簡易萬病自療保健
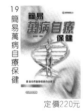
定價220元

20 王朝秘藥媚酒

定價180元

21 立見實效保健操

定價180元

22 越吃越幸福

定價200元

23 荷爾蒙與健康
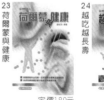
定價180元

24 越吃越長壽

定價200元

25 自我保健鍛鍊

定價180元

26 斷食促進健康

定價180元

27 蔬菜健康法

定價200元

28 水果健康法

定價200元

29 越吃越苗條

定價200元

30 越吃越聰明

定價200元

31 全方位健康藥草

定價200元

32 人體記憶地圖

定價350元

33 提升免疫力戰勝癌症

定價280元

34 腎臟病預防與治療

定價230元